D1923235

Thomas Drexel

LOW BUDGET

ARCHITEKTENHÄUSER

Ausgeschieden
von den
Büchereien Wien

Büchereien Wien
Am Gürtel
Magistratsabteilung 13
7, Urban-Loritz-Platz 2a
A-1070 Wien

PRESTEL
München • London • New York

INHALT

EINLEITUNG

Günstig bauen und wohnen – eines der wichtigsten Themen unserer Zeit. Gerade in Ballungsräumen mit hohem Zuzug wie München, Frankfurt, Hamburg oder Berlin fällt es mittlerweile selbst Besserverdienern schwer, Wohnraum zu tragbaren Kosten zu erwerben. In vielen Fällen gibt es also keine andere Lösung, als sich zusammen mit einem findigen Planer ans Werk zu machen, um das persönliche Low-Budget-Projekt in Angriff zu nehmen. Die in diesem Buch vorgestellten Häuser zeigen, dass es trotz aller Widrigkeiten auch heute möglich ist, architektonisch hochwertigen und dennoch bezahlbaren Wohnraum zu schaffen. Die folgenden Richtlinien liefern das Rezept.

Bestes Beispiel für ein hochwertiges Sparhaus – ein kompakter, geradlinig geformter Kubus ohne unnötige Anbauten. Dieses Beispiel erreicht sogar Passivhausstandard (Architekt Guido Hagel).

Günstig bauen – kein Ding der Unmöglichkeit

Beschäftigen sich Bauherren mit der Planung des eigenen Hauses, sehen sie sich häufig mit negativen Aussagen sogenannter Experten konfrontiert, die jegliche Form des kostensparenden, aber hochwertigen Bauens als Ding der Unmöglichkeit darstellen. Teils sind diese Aussagen auf ökonomisches Eigeninteresse, teils auf fehlende fachliche Kenntnis der Materie zurückzuführen. Günstig zu bauen ist tatsächlich eine außergewöhnliche Aufgabe, die nicht nur spezifische Kenntnisse und Erfahrungen benötigt, sondern vor allem die Bereitschaft und den Mut zur Innovation erfordert. Die 21 Beispiele in diesem Band aus den letzten Jahren belegen jedoch nachdrücklich, dass es auch in Zeiten explodierender Baupreise möglich ist, ein vernünftig gepreistes und schönes Haus zu bauen.

Sinn dieses Einführungsteils ist es, verlässlicher Leitfaden und Ratgeber für den gesamten Bauprozess in Sachen günstiges und hochwertiges Bauen zu sein – von der Grundstückssuche und der Auswahl des Architekten über die verschiedenen Planungsaufgaben und -phasen bis zur Auftragsvergabe und Bauausführung. Zusätzlich bietet der Anhang dieses Buchs weitere praktische Hilfestellungen in Gestalt eines Planungsfahrplans, einer Sparcheckliste und einer Auflistung günstiger Materialien. Die Kontaktdaten der mit ihren Projekten im Buch vertretenen Planer ermöglichen eine direkte Kontaktaufnahme.

Beste Beispiele für das eigene Bauvorhaben

Alle in diesem Band vorgestellten Wohnhäuser sind Beispiele für hochwertiges und dennoch kostensparendes Bauen. Egal ob es sich dabei um Häuser für Familien oder um kompakte Lösungen für ein bis zwei Bewohner handelt. Die »teuersten« Modelle liegen bei ungefähr 300 000 Euro, andere sogar deutlich darunter. Enthalten sind bereits alle Nebenkosten, Honorare und Steuern. Die regional unterschiedlich verorteten Häuser repräsentieren verschiedene Aufgaben, Bauweisen, Dach- und Gebäudeformen, Grundrisse und Fassadenlösungen. Neben den Exempeln, die auf wenig Eigenleistungsanteil basieren, finden sich auch solche, die schon in der Planung auf den Einsatz von Selbsthilfe abgestimmt wurden. Besonders interessant sind sie somit für Bauherren, die bereit sind, ihre eigene Arbeitskraft einzubringen.

Um den größten Einspareffekt überhaupt zu erzielen, wäre es hilfreich auf folgende Aspekte zu achten: eine kompakte Gebäudeform, ein »sparsamer« Grundriss ohne Platzverschwendung, optimale Stauraumlösungen, eine günstige Tragwerkskonstruktion. Hinzu kommen die Beschränkung hinsichtlich der eingesetzten Materialien, standardisierte Lösungen und Fertigbauteile, rauere Materialien und Oberflächen sowie ein effizientes Energiesystem mit optimiertem Kosten-Nutzen-Verhältnis.

Fassadensysteme aus Holz sind bei Low-Budget-Häusern oft zu sehen, da sie bei etwas Geschick gut selbst montiert und endbehandelt werden können (Architekt Johannes Hiller).

Erfolgsfaktor Zeit

Die Zeit spielt beim Bauen eine wichtige Rolle. Zumeist laufen während der Bauphase teure Überbrückungskredite. Ein schneller Ablauf scheint dem Bauherrn deshalb geboten. Dennoch sollte übereiltes Planen und Bauen vermieden werden. Erfahrungsgemäß entstehen so häufig weit größere Probleme und höhere Kosten. Es braucht eben Zeit, eine auf die eigenen Bedürfnisse und das vorhandene Budget abgestimmte, ökonomisch nachhaltige Planung zu entwerfen. Dasselbe gilt für das Finden kompetenter und gleichzeitig preisgünstiger Betriebe. Zudem können Handwerker oft deutlich günstigere Angebote machen, wenn die Zeit nicht allzu sehr drängt. Auch insofern sollten Bauherren es vermeiden, sich im Planungs- und Bauprozess durch private Termine wie eine Hochzeit oder die Geburt eines Kindes unnötig unter Druck zu setzen und unrealistisch frühe Einzugstermine festzulegen.

Ein guter Architekt spart Kosten

Immer wieder wird die Frage »Bauen mit oder ohne Architekt?« diskutiert. Die Antwort ist im Grunde einfach: Einen Architekten in das Bauvorhaben miteinzubeziehen, ist eine notwendige Bedingung für das Gelingen des Projekts »Low-Budget-Haus«. Architektur, Funktionalität und Wohnwert eines Gebäudes sind dabei im Regelfall deutlich höher einzuschätzen als beim Weg über den Bauträger oder Fertighausanbieter. Letztere müssen zusätzlich immer ihre Fixkosten einpreisen und gewähren wenig Einwirkungsmöglichkeiten oder Spielraum für individuelle Veränderungen – gerade dann, wenn der Vertrag erst einmal unterzeichnet ist. Dies sollte man sich vor der Entscheidung klar gemacht haben. Allerdings ist das hochwertige und günstige Bauen auch beim Bauen mit Architekt als Sonderfall zu sehen, der komplexe Herausforderungen bereithält. Aus der Erfahrung des Autors lässt sich sagen, dass es für das Low-Budget-Bauen gute Spezialisten gibt. Diese zeichnen sich durch eine enge Zusammenarbeit mit dem Bauherren aus, wobei der frühzeitige Hinweis auf Kostenfallen, das Aufzeigen günstigerer Alternativen sowie die optimale Beherrschung des gesamten Planungs- und Ausführungsprozesses zu den wichtigsten Aspekten zählen. Darüber hinaus fordert das Planen günstiger Häuser eine besondere Sichtweise und spezifische Kenntnisse des Architekten, um der Aufgabe gerecht zu werden. Dies schließt auch eine genaue Vorbereitung und Kontrolle der Bauabläufe ein. Hinzu kommen besondere Kenntnisse über kostensparende, auf den speziellen Fall abgestimmte Konstruktionsweisen und den Einsatz günstiger Materialien, Kreativität bei der Entwicklung und Vermittlung unkonventioneller Lösungen sowie die Bereitschaft, eigene Planungsprinzipien an die besonderen Erfordernisse eines Low-Budget-Hauses anzupassen. Kurzum: Bauherren, die günstig bauen wollen, sollten sich einen ausgewiesenen Low-Budget-Spezialisten suchen – oder einen, der es werden will. Dazu zählen oft junge Architekten, die sich mit viel Engagement zum Wohle des Bauherrn einbringen. Immer muss der Beauftragung eine sorgfältige Prüfung der Eignung und der sozialen Kompatibilität zwischen Bauherr und Planer vorausgehen. Wie in anderen Bereichen, etwa in der Denkmalsanierung, begegnet man auch beim Low-Budget-Bauen Planern, die mit dem Thema nicht vertraut sind. Oftmals liegt dem der Unwille zugrunde, neue Wege zu gehen, zumal dies auch mit einem geringeren Honorar oder einem kleineren Umsatz bei größerem Zeitaufwand verbunden sein kann. In manchen Fällen besteht durchaus auch eine

Gerade bei schwierigen Grundstücken wie hier mit Hanglage ist es entscheidend, die Form des Baukörpers geschickt und kostensparend zu gestalten (K2 Architekten).

gewisse Scheu davor, sich mit neuen, kostensparenden technischen Lösungen und Einsparmöglichkeiten auseinanderzusetzen. Einerseits verständlich, andererseits könnte aber im hochwertigen Low-Budget-Bauen durchaus die Zukunft des Wohnbaus liegen. Zudem besteht die Möglichkeit, den hohen planerischen Aufwand im Honorar zu berücksichtigen, indem etwa ein Bonus für das Unterschreiten einer bestimmten Kostengrenze vereinbart wird, was nach der Honorarordnung für Architekten (HOAI) zulässig ist.

Auch bezahlbare Wohnhäuser mit sehr kompakten Abmessungen können spannend gestaltet werden, etwa wie hier mit einer ungewöhnlichen Form und unterschiedlichen Fassadenmaterialien (Commod House).

Kosten senken – nur gemeinsam!

Der Kompetenz des Architekten und seinen spezifischen Fachkenntnissen kommt im Bauprozess hohe Bedeutung zu, jedoch kann er nur so viel einsparen, wie die Bauherren erlauben. Anders gesagt: Disziplin und der Wille zum Sparen müssen auf beiden Seiten vorhanden sein, nur dann greift alles optimal ineinander. Wenn Bauherren mit unumstößlichen Vorstellungen bezüglich der Wohnfläche, Ausstattung, Bauweise etc. zum Planer kommen, bei ihren Wünschen keine Abstriche machen und dennoch einen günstigen Preis realisieren möchten, kann es nicht funktionieren. Stattdessen ist es wichtig, die vorhandenen Vorstellungen gemeinsam und unvoreingenommen auf den Prüfstand zu stellen. Nicht nur die Grundstückspreise und die Beeinflussung der Kosten durch Bauvorschriften sind ein wichtiger Faktor zur Reduktion der Gesamtausgaben, sondern auch die Bereitschaft des Bauherrn zum Verzicht. Entscheidend für eine wirksame Kostenkontrolle ist übrigens auch, dass die Planung auf jeden Fall vor Baubeginn abgeschlossen ist. Nachträglich eingebrachte Ideen führen immer zu deutlichen Mehrkosten.

Gesamtheitliche Planung als Erfolgsvoraussetzung

Das Ziel, ein Low-Budget-Haus zu errichten, erfordert ein ganzheitliches Herangehen aller am Bauprozess beteiligten Personen – insbesondere von Bauherren und Planern. Soll es funktionieren, ist eine Vielzahl unterschiedlicher Gesichtspunkte zu beachten. Neben der Grundstückssuche über die Finanzierung, die Planung und die Auswahl der Betriebe bis zur Bauausführung muss die Schaffung hoher Architektur- und Wohnqualität bei effizient minimierten Kosten handlungsleitender Gedanke sein. Wichtig ist dabei die Vermeidung von Ad-hoc-Entscheidungen. Verschiedene Maßnahmen tragen zum Erreichen des Sparziels bei. Je mehr Sparfaktoren kombiniert werden können, desto größer ist der Einspareffekt insgesamt. Ein kompakter Baukörper und die Beschränkung der Wohnfläche sind

Wenn Konzept und Planung stimmen, können auch architektonisch hochwertige Wohneinheiten mit Penthouse-Gefühl zum günstigen Preis verwirklicht werden (PPAG architects).

dabei ebenso von Vorteil wie die Wahl eines günstigen Tragwerks. Auch die Vermeidung komplizierter Konstruktionen (z. B. Walm- oder Mansarddächer), der Verzicht auf einen Keller und auf High-End-Ausbau, die Planung von Eigenleistung sowie die gezielte Suche nach günstigen Baumaterialien und die minutiöse Vorbereitung und Kontrolle der Bauabläufe können hilfreich sein.
Beim kostengünstigen Bauen gibt es nicht nur den einen Königsweg. Vielmehr gilt es, die jeweiligen Voraussetzungen des Einzelfalls zu berücksichtigten. Beispielsweise kann in einem Baugebiet mit hoch anstehendem Grundwasser der kompakte, zwei- oder dreigeschossige Kubus gegenüber einem ebenerdigen Bungalow mit gleicher Wohnfläche preislich die schlechtere Wahl sein, da die Fundamentierungs-, Unterkellerungs- und Abdichtungsarbeiten einen zu großen Teil des Etats beanspruchen. Ebenso individuell verhält es sich mit der gewählten Bauweise: Ist der Architekt in Kenntnis eines Bauunternehmens, das günstig, gut und schnell arbeitet, so wird in der Regel dessen bevorzugte Technik zur Anwendung kommen, beispielsweise Ziegelmassivbau. In einem anderen Fall – der Bauherr ist Zimmermann oder Schreiner – wird die Entscheidung eher zugunsten eines Holzbaus ausfallen. In einem solchen Fall und wenn das Bauholz günstig bezogen werden kann, könnte sogar ein Holzmassivbau sinnvoll sein, der ansonsten preislich deutlich über den Alternativen Holzständer- oder Holztafelbauweise angesiedelt ist. Doch wie auch immer – der Kostenrahmen kann nur dann gehalten werden, wenn alles bis ins Detail durchdacht ist. Attraktive Blickbeziehungen sollten betont, unattraktive ausgeblendet werden. Um die passive Nutzung der Sonnenenergie zu ermöglichen, was wiederum der Einsparung von Heizkosten dient, sind große Glasflächen nach Süden vorzusehen; auf den sonnenabgewandten Seiten hingegen sind wenige, kleinteilige Öffnungen sinnvoll, da sie Wärmeverluste minimieren. Auf unnötige Bauteile wie ausladende Dachüberstände, Vordächer, Balkone und dergleichen sollte man verzichten, komplizierte Formen vermeiden und Bauteile vereinheitlichen, um neben den Baumassen auch den Arbeitsaufwand zu verringern. Die Reduktion von Arbeitskosten ist neben der Beschränkung des Wohnraums das wichtigste Mittel zur Kostenvermeidung.
Um einen kohärenten und strukturierten Ablauf zu gewährleisten, sollte der Architekt zu einem möglichst frühen Zeitpunkt einbezogen werden – am besten vor dem Kauf des Grundstücks. Zu diesem Zeitpunkt lässt sich gemeinsam beurteilen, ob die Parzelle für

das Vorhaben überhaupt geeignet ist. Beispielsweise kann die Lage an einem steilen Hang oder in felsigem Gelände hohe Mehrkosten für Fundamentierungsarbeiten verursachen, ein nasser Baugrund erfordert kostspielige Abdichtungsmaßnahmen. Die Ausrichtung wirkt sich auf die Besonnung und auch auf das Energiekonzept aus, fehlende oder unsichere Erschließungsverhältnisse (Straße / Fußweg, Strom, Wasser / Abwasser etc.) können unvorhergesehene Kosten nach sich ziehen. Ein ungünstiger Zuschnitt, beispielsweise schlauchförmig oder sehr unregelmäßig, erschwert eine vernünftige Planung oder macht sie gar unmöglich. Die Aufstellung auf Seite 170 zeigt alle Aspekte auf, die für einen kohärenten Planungsprozess von Bedeutung sind.

Sparen durch Kompaktheit

Kompaktheit bedeutet, dass gerade nur so viel Volumen geschaffen wird, wie nach genauer Bedarfsermittlung notwendig ist. Raumprogramm und Grundriss ergeben sich aus dem Abgleich des Wünschenswerten mit dem finanziell Machbaren. Das Optimum wird übrigens dann erzielt, wenn man den Raumbedarf mit der kompaktesten Form und dem besten Verhältnis von Innenraum zu Außenoberflächen erreicht – ein Kubus mit Flachdach. Wie die Beispiele in diesem Buch zeigen, können aber natürlich auch Häuser mit schmal-länglicher Form, Spitz- oder Pultdach zum günstigen Preis realisiert werden. Entscheidend ist eine möglichst einfache Bauform ohne unnötige An- und Aufbauten (wie Gauben, Erker, ausladende Vordächer und Balkone), denn die geringen Baumassen sparen Geld bei der Herstellung und die begrenzten Außenoberflächen Finanzmittel im laufenden Betrieb durch einen geringeren Energieverbrauch.

Gerade kompakte Low-Budget-Häuser profitieren davon, wenn große Glasflächen die Grenzen zwischen innen und außen auflösen und so die Räume größer wirken lassen (NOARQ).

Raumprogramm mit Augenmaß

Das von den Bauherren gewünschte Raumprogramm muss bei einem Low-Budget-Haus im Detail auf seine Notwendigkeit und seine Machbarkeit überprüft werden. Beispielsweise braucht eine vierköpfige Familie sicherlich ein zweites WC, in einem Zwei-Personen-Haushalt ist es unnötig. Für Wohnen, Essen und Kochen insgesamt genügen 35 bis 40 Quadratmeter, wenn sie zusammenhängend und durchgängig gestaltet sind. Ein Elternschlafzimmer braucht nicht mehr als 10 bis 11 Quadratmeter, eher darf das Kinderzimmer ein wenig größer sein. Auch mit einem Bad von 6 bis 7 Quadratmetern lässt es sich bestens leben. Anspruchsvolle ergänzen mit 3 Qua-

Klare Raumstrukturen, konzentrierte Stauraumlösungen und große Fassadenöffnungen machen auch kleine Zimmer wohnlich (NOARQ).

Geschickt eingepasste, schlanke Treppen, die durchaus auch Blickfang sein können, sparen Platz und Geld (Architekt Guido Hagel).

dratmetern mehr noch eine einfache Sauna und lassen dafür den Ankleideraum weg. Diese Liste lässt sich beliebig fortsetzen; jeder Bauherr muss vor der Planungsphase entscheiden, was ihm besonders und was weniger wichtig ist. Stets sollte aber die Prämisse lauten, jeden zusätzlichen Quadratmeter an anderer Stelle wieder einzusparen, um die Kostenkalkulation nicht zu gefährden. Grundriss und Raumstrukturen sind so zu gestalten, dass kein Platz für reine Erschließungsflächen (z. B. Treppen, Flure) verschenkt wird, sondern diese möglichst klein gehalten bzw. in den Wohnraum einbezogen werden. Treppen müssen raumsparend angeordnet und nicht großzügiger dimensioniert sein, als es die baurechtlichen Bestimmungen erfordern.

Mit Geschick bei der Grundstückswahl

Die Suche nach einem Grundstück lässt heute viele potenzielle Bauherren verzweifeln. Zu dem knappen Angebot kommen insbesondere in Ballungsräumen und teuren Metropolregionen ausgesprochen hohe Preise. Schon deshalb sollte hier vorausschauend gedacht werden: Vom Gesamtbudget sollte auf keinen Fall mehr als ein Drittel für den Baugrund ausgegeben werden. Überraschungen sind beim Bauen an der Tagesordnung; hat man aber bereits für den Grundstückserwerb zu viel investiert, lässt sich dies natürlich nicht mehr korrigieren, während beispielsweise der Bau von Carport und Geräteschuppen, Pflaster- und Gartenarbeiten nötigenfalls auf einen späteren Zeitpunkt verlegt werden können. Grundsätzlich lassen sich die Grundstückskosten noch ein wenig über die Wahl der Lage steuern; im stadtnahen Umfeld sind Immobilienpreise je nach Region teils noch immer deutlich niedriger als in den Städten selbst – Metropolregionen wie München, Stuttgart oder Frankfurt einmal ausgenommen. Dieser Entscheidung sollte immer eine Prüfung der vorhandenen Infrastruktur vorausgehen, damit letztlich die Grundstückswahl nicht doch zu teuer kommt. Sogenannte Restgrundstücke, die meist einen schwierigen Zuschnitt und eine relativ geringe Größe aufweisen, sind gegebenenfalls günstiger zu bekommen; findige Architekten wissen, wie man darauf attraktive Häuser bauen kann.

Zum Teil haben Städte auf die dramatische Grundstücksverknappung reagiert, indem sie bisher ungenutzte bebaubare Parzellen und Restflächen erfassen und sogar das Gespräch mit den Eigentümern suchen. Daher ist jeder angehende Bauherr gut beraten, sich vor Ort nach solchen Restflächenkatastern zu erkundigen.

Auch bereits bestehende Wohnhäuser bieten die Chance zur Aufstockung. In diesem Buch findet sich ein vorbildliches Beispiel dafür, das sogar als Gemeinschafts-Bauprojekt ausgeführt wurde (Seite 124–131). Die Überlegung, gemeinsam mit Verwandten, Freunden und Bekannten zu planen und zu bauen, kann sich aber auch bei konventionellen Grundstücken lohnen. Eine gute und günstige Möglichkeit bietet sich ferner oft dann, wenn ein – etwa im Besitz von Familie oder Freunden befindliches – Grundstück einen großen Garten aufweist und dieser mit einem weiteren Wohnhaus bebaut werden darf. Angesichts des immer knapper werdenden Angebots sollte man auch Ausschau nach bebauten Parzellen halten, die zum Verkauf kommen. Im besten Fall gelingt es, so frühzeitig Kontakt mit den Eigentümern anzubahnen, dass die Immobilie gar nicht in den freien Verkauf gelangt und man selbst als erster zum Zuge kommt.

Die Bebauung ungünstig geschnittener Parzellen mit kleinem Baufenster erfordert einen kreativen Planer, ermöglicht oft aber einen relativ günstigen Grundstückserwerb (Architekt Florian Stocker).

Kauf und Finanzierung

Ist zwischen Käufern und Verkäufern eines Grundstücks grundsätzliche Einigkeit erzielt, kommt es zum Abschluss des notariellen Kaufvertrags. Dabei hat es sich bewährt, dass die Vertragspartner bei einem Treffen die Vertragsinhalte klären. Der so erstellte Entwurf sollte Käufer und Verkäufer rechtzeitig vor dem vereinbarten Unterschriftstermin zugeleitet werden. Ob etwaige noch auf der Immobilie liegende Belastungen (z. B. Hypotheken) und bestehende Rechte (z. B. Durchfahrts-/Wegerechte), die dem Vertragsabschluss im Wege stehen könnten, abgelöst oder zumindest zur Kenntnis gebracht werden müssen, klärt der Notar ab. Gegebenenfalls löscht er Grundbucheintragungen und schafft die Voraussetzungen für einen ordnungsgemäßen Übergang der Eigentumsrechte. Nach der Unterschrift, der von den Parteien bestätigten Zahlung des Kaufpreises und der Schlüsselübergabe erfolgt die Eintragung ins Grundbuch. In aller Regel besteht zur Deckung der Kosten für Grundstückserwerb und / oder Hausbau ein Finanzierungsbedarf. Voraussetzung für den Abschluss eines Finanzierungsvertrags sollte eine möglichst genaue Kostenermittlung sein, die nicht mehr als etwa 10 bis 15 Prozent von den späteren Gesamtkosten abweicht. Sofern möglich, sollte man eine noch genauere Kostenberechnung abwarten. Um unnötige Zins- und Tilgungsbelastungen zu vermeiden, sollte nur so viel finanziert werden, wie auch gebraucht wird. Ein notwendiger Sicherheitsbehalt von etwa 20 Prozent dient dazu, nie ganz vermeidbare unvorhergesehene

Mehrkosten abzudecken, um Finanzierungslücken mit der Folge einer teuren Nachfinanzierung zu verhindern. Jedoch sollte die Finanzierungssumme nicht künstlich hochgerechnet werden, um davon beispielsweise noch Konsum querzufinanzieren. Die verbreitetste und meist auch sinnvollste Form der Immobilienfinanzierung ist das sogenannte Annuitätendarlehen. Es setzt sich aus dem Zinsanteil und dem Tilgungsanteil zusammen. Spätestens zum Ablauf der Gesamtlaufzeit, die in der Regel bis 30 Jahre beträgt, ist der Kredit vollständig getilgt. In Phasen mit niedrigem Zins steigt die Nachfrage nach Bauleistungen, womit allerdings auch eine Steigerung der Baupreise einhergeht. Daher sollte man keinesfalls nur aufgrund niedriger Zinsen bauen. Ferner ist zu beachten, dass die Gesamtlaufzeit und die Gesamtaufwendungen neben dem Zinssatz (Effektivzins) wesentlich von der Höhe der Tilgung beeinflusst werden. Je schneller getilgt werden kann, desto schneller vermindert sich der Kreditbetrag und desto weniger muss insgesamt bezahlt werden. Insofern kommt es besonders darauf an, sich vom Kreditinstitut günstige und flexible Tilgungsmöglichkeiten zusichern zu lassen, die auf die persönlichen Verhältnisse zugeschnitten sind. Bei durchschnittlichem Einkommen sind im Normalfall 2 oder 3 Prozent Tilgung möglich und empfehlenswert. Ein Tilgungssatz von 1 Prozent ist eigentlich nur etwas für Bauherren mit unterdurchschnittlichen Einkünften. In jedem Fall ist es wichtig, sich im Kreditvertrag möglichst weitgehende Rechte für Sondertilgungen zusichern zu lassen, ohne dass dafür hohe Zuschläge fällig werden. Gebühren und Nebenkosten (beispielsweise für die Schätzung der Immobilie) sollten sich am unteren Rand der marktüblichen Beträge bewegen. Da die Vertragsinhalte und insbesondere das »Kleingedruckte« vom Laien nicht in ihrer ganzen Tragweite überblickt werden können, empfiehlt sich vor dem Abschluss in jedem Fall die Konsultierung eines Fachmanns, sei es der Kreditsachverständige einer Verbraucherzentrale oder ein Fachanwalt.

Eindrucksvolle Wohnhäuser zum günstigen Preis setzen nicht nur eine kohärente Bauplanung, sondern auch ein stimmiges Finanzierungskonzept voraus (Architekt Christian Weinmann).

Perfekte Stauraumlösungen

Gerade in kompakten Häusern, wie es im Low-Budget-Bereich häufig der Fall ist, kommt es darauf an, die Dinge des täglichen Bedarfs gut unterzubringen, aus dem Blick zu nehmen und Unordnung zu vermeiden. Stauraum lässt sich am effektivsten in konzentrierter Weise, also an wenigen Stellen mit großem Volumen schaffen – und zwar bevorzugt dort, wo aufgrund von begrenztem Bewegungsraum oder geringen Durchgangshöhen ohnehin kein vollwertiger

Wohnraum realisierbar ist. Bestes Beispiel hierfür ist der Bereich unter einer Treppe, der etwa für die Unterbringung einer Toilette, der Heiztechnik, von Kleidung und anderen Gegenständen dienen kann. Im Spitzbodenbereich von Satteldächern kann ferner entweder zusätzlicher Wohnraum, etwa für Schlaf- oder Arbeitsgalerien, oder zusätzlicher Stauraum untergebracht werden. Eine weitere gute Methode besteht in der Mehrfachnutzung bestimmter Bereiche; so kann ein im Normalfall eher selten genutztes Gästezimmer durchaus gleichzeitig als Büro, Hauswirtschafts- und Abstellraum dienen, soweit ein effektives Ordnungssystem vorhanden ist. Nicht frostgefährdete Gegenstände werden am besten in separaten Schuppen untergebracht, die als Nicht-Wohnraum grundsätzlich sehr günstig in der Herstellung sind und sich zudem leicht selbst zimmern lassen.

Der Raum unter Treppen lässt sich besonders gut als Stauraum nutzen. So kann an anderer Stelle Fläche eingespart werden (K2 Architekten).

Räume optisch vergrößern

Die optimale Inszenierung von Innenräumen ist ein wichtiges gestalterisches Mittel, damit sich ein Eindruck von visueller Weite einstellt. Deshalb und aus Kostenspargründen ist auf unnötige Sichtbarrieren, wie etwa trennende Innenwände, so oft wie möglich zu verzichten. Türen sollte man nur dort vorsehen, wo sie unbedingt notwendig sind – vorzugsweise in Bereichen wie Kinderzimmern, Elternschlafzimmer, Bad und WC. Alle übrigen Bereiche können mehr oder weniger offen ausgeführt werden. Damit die Sichtachsen weitgehend frei bleiben, ist filigranes Mobiliar empfehlenswert, das den Blick nicht raumschmälernd verstellt. Galerien im Obergeschoss anstelle durchgehender Decken, wie sie bei einigen vorgestellten Projekten zu sehen sind, schaffen vertikale Durchblicke und einen großzügigen Raumeindruck. Große Verglasungen nach Süden und gegebenenfalls auch nach Westen dienen nicht nur der Belichtung und der Erwärmung der Räume durch die Sonnenstrahlung, sondern heben auch die Grenzen zwischen Innen- und Außenraum auf, vergrößern also dadurch die wahrgenommene Wohnfläche beträchtlich.

Sparsam zu bauen und gleichzeitig ansprechende Architektur- und Innenraumlösungen mit attraktiven Details schaffen, ist keineswegs ein Widerspruch (K2 Architekten).

Günstige Konstruktionen, Lösungen und Materialien

Wenn kein Keller vorgesehen ist, spart dies beträchtliche Baukosten ein. Meist wird dann mit Betonstreifenfundamenten und einer betonierten Bodenplatte gearbeitet. Günstiger sind jedoch oft Punktfundamente, die insbesondere bei Holzbauweise zum Einsatz kommen können. Jedoch ist immer im Einzelfall zu entscheiden, welche

Bauteile wie Treppen aus Beton lassen sich entweder als Fertigteile oder ohne edles Finish deutlich günstiger herstellen (K2 Architekten).

Wenig bearbeitete Produkte, wie hier Holzschwartenbretter an einer Eingangsfassade, sind oft günstig zu beziehen (Architekt Florian Stocker).

Gründungsart die beste Kosten-Nutzen-Effizienz aufweist – natürlich auch abhängig davon, welcher Handwerker die jeweilige Version günstig anbieten kann. Des Weiteren spielt die bewusste Auswahl der Konstruktionen, beispielsweise mit möglichst geringen Materialquerschnitten, unkomplizierten Dachtragwerken (z. B. keine Walm- oder Mansarddächer) und einfachen konstruktiven Verbindungen eine wichtige Rolle. Auch der Auswahl der Bauprodukte und des Ausbaustandards kommt große Bedeutung zu. Stellen Bauherren keine großen Ansprüche an den Bodenbelag, kann man sich etwa auf Kiefer-Sperrholz- oder OSB/ESB-Platten beschränken, was die Endausbaustufe einspart. Betonwände müssen keine Sichtbetonqualität aufweisen und Estrichböden nicht auf edelste Weise endbehandelt sein. Haustechnische Leitungen können in einem Strang ins Obergeschoss geführt, die Zahl der Steckdosen auf ein notwendiges Mindestmaß begrenzt werden. Bodenbeläge und Sanitärausstattung sind immer auch als Sonderposten erhältlich oder als qualitativ gleichwertige 1B-Ware. Die Auflistung lässt sich lange fortsetzen, zeigt aber schon, welch komplexe Überlegungen der eigentlichen Entwurfsplanung vorausgehen müssen, denn die meisten dieser Aspekte müssen schon vor dem Bauantrag geklärt sein. Bei der Erschließung sowohl zwischen öffentlichem Raum und Haus als auch innerhalb des Hauses (Wege, Leitungen für Strom, Wasser, Abwasser, Gas, Daten etc.) hängen die Kosten wesentlich von den Streckenlängen ab. Kurze Wege und eine direkte Leitungsführung sind entscheidend. Deshalb ist ein einziger vertikaler Versorgungsstrang zwischen den Wohngeschossen, der auch eine entsprechend kompakte Zusammenlegung von Funktionen (z. B. Bäder, WC) bedingt, besonders günstig. Die bewusste Beschränkung von Steckdosen und der Verzicht auf teure zentrale Steuerungssysteme der Haustechnik gehören meist ebenfalls zum Sparprogramm eines Low-Budget-Hauses. Ferner kommt es darauf an, beim Tragwerk nur die statisch und baurechtlich unbedingt erforderlichen Materialquerschnitte und Baumassen einzusetzen. Häufig erspart der Verzicht auf 1 Meter Hausbreite schon das Einziehen teurer Zwischenwände oder Stützen. Auch der Dachstuhl, möglichst ohne Überstand ausgeführt, muss einfach konstruiert sein und sich zügig aufrichten lassen.

Haustechnik mit Sparziel

Ungeachtet des heute erreichten energetischen Standards mit hocheffizienter Dämmung und sehr guter Luftdichtigkeit der äußeren Hülle und dem entsprechend geringen Energieverbrauch entstehen manchmal unverhältnismäßig hohe Kosten durch sehr teure, teils nicht auf den tatsächlichen Bedarf und die spezifischen Voraussetzungen abgestimmte Heizsysteme. Alle in diesem Buch vorgestellten Häuser sind energetisch zeitgemäß; ihr hocheffektiver Wärmeschutz und ihre kompakte Bauweise minimieren den Wärmebedarf so weit, dass günstige Heizsysteme im Grunde völlig ausreichen und dennoch nachhaltig sind – etwa durch die Kombination einer Gas-Brennwerttherme mit Solarthermie. Teils ist auch eine Kompakt-Luft-Luft-Wärmepumpe eine mögliche Alternative. Völlig kostenfrei ist die passive Nutzung der Solarenergie, die im Winter insbesondere über südorientierte große Verglasungen die Wohnräume erwärmt. Sie ist insofern, auch wenn sie natürlich nicht allein für die Beheizung sorgen kann, eine wirkliche Low-Budget-Energie. Auch in anderen Bereichen gilt es, günstige Haustechnik auszuwählen. Der Verzicht auf teure und schadensanfällige automatisierte Steuerung (z. B. BUS-System) gehört hier dazu. Sogenannte Smart-Home-Komponenten können im Einzelfall geprüft und dort eingesetzt werden, wo sie keine deutlichen Mehrkosten verursachen. Stets sollte aber sichergestellt sein, dass die eingebauten Systeme absolut sicher vor Angriffen sind und die notwendigen technischen Updates keine Kostenbelastung im Betrieb darstellen. Grundsätzlich gilt es, so wenig komplizierte und kostspielige Technik wie möglich vorzusehen. Ferner ist die Installation von dezentralen Durchlauferhitzern für Einfamilienhäuser gegenüber einer zentralen Warmwasserversorgung mit eigenem Kreislauf meist die günstigere Wahl. Der Architekt sollte darauf achten, dass dieser Preisvorteil von den Handwerkern auch entsprechend berücksichtigt wird.

Die Kombination unterschiedlicher Fassadenmaterialien schafft gestalterische Spannung, hier beispielsweise unbehandelte Bretter und Aluminiumpaneele (Architekt Florian Stocker).

Handwerker, Auftragsvergabe und Bauleitung

Selbst in Fällen mit hohem Eigenleistungsanteil werden die meisten Arbeiten an Fachbetriebe vergeben. Der Architekt schreibt in der Regel die Gewerke aus und erstellt dazu Leistungsverzeichnisse, die den Betrieben eine genaue Übersicht liefern, die es ihnen ermöglicht, ihren Aufwand zuverlässig abschätzen und so ein genaues Angebot abzugeben. Handwerker, deren Kompetenz und Preisgestaltung aus der Vergangenheit positiv bekannt sind, werden sicherlich bevorzugt angesprochen werden, jedoch sollten auch sie nie

Ansonsten oft im Gewerbebau verwendete Materialien, wie hier doppelschalige Polycarbonatplatten am Obergeschoss einer Giebelfassade, können sehr gut auch in der Wohnarchitektur eingesetzt werden (Architekt Christian Weinmann).

Zimmereibetriebe sind gerade beim Bau von Holzhäusern entscheidende Projektbeteiligte, die nicht nur günstig anbieten, sondern auch fachlich hoch kompetent sein müssen (Commod House).

ohne Abgabe eines detaillierten Angebots beauftragt werden, da sonst die Kostenkontrolle und die Einhaltung des Budgets gefährdet sind. Zusätzlich werden gegebenenfalls Handwerkerverträge abgeschlossen. Bauherren und Architekt sollten sich über die Auswahl der Betriebe eingehend beraten. Empfehlenswert ist es, die infrage kommenden Handwerker vor der Vergabe einzuladen und so in fachlicher und zwischenmenschlicher Hinsicht besser kennenzulernen. Die Auftragsvergabe über Handwerkerbörsen im Internet ist möglich, jedoch sollte dies nur in Ausnahmefällen und nach genauer Prüfung der Kompetenzen erfolgen.

Sind die Aufträge an die Handwerker vergeben, bedarf es zur stringenten Umsetzung der Planung im weiteren Verlauf der Anleitung und Überwachung der Bauabläufe. Die Bauleitung selbst zu übernehmen oder an einen Handwerker zu delegieren, wird in aller Regel nicht zum Erfolg führen. Der Architekt hingegen erzielt gerade damit einen Einspareffekt, dass er das Gesamtkonzept vor Augen hat und es den Handwerkern im Detail erläutern kann. Er koordiniert die Abläufe auf der Baustelle so, dass keine Zeit verschenkt wird und achtet darauf, dass keine fachlichen Fehler passieren, die das Konzept infrage stellen und den Sparerfolg gefährden. Hierbei ist eine häufige Anwesenheit auf der Baustelle unabdingbar, um Fragen vor Ort klären und Fehlentwicklungen rechtzeitig korrigieren zu können. Diese Aufgabe sollte nur dann an Dritte delegiert werden, wenn diese sich genau mit dem Architekten abstimmen und gleichsam als dessen ausführendes Organ fungieren. Eigenmächtigkeiten in dieser Hinsicht können nicht nur die Qualität der Architektur, sondern auch das Erreichen der finanziellen Ziele gefährden.

Der Planer hat auch die Aufgabe, die Handwerkerrechnungen zu überprüfen, er übernimmt die abschließende Kostenfeststellung und die Verantwortung für die Bauabnahme. Nicht hoch genug einzuschätzen ist der Umstand, dass der Architekt für etwaige Planungsfehler einsteht. Seine Haftpflichtversicherung deckt entstandene Schäden ab.

Eigenleistung will geplant sein

Eigenleistung ist bei schlecht geplanten Projekten leider oft nur der Versuch, Versäumnisse im Planungsstadium wettzumachen. Eine viel zu große Kubatur, ein schlechter Grundriss, unnötige An- und Vorbauten und anderes mehr sollen dann durch den Einsatz von Eigenleistung kompensiert werden. Im Gegensatz dazu wird Eigenleistung richtig eingesetzt, wenn sie den eigenen fachlichen und zeitlichen Möglichkeiten entsprechend erfolgt und wenn sie von vornherein in der Planung berücksichtigt wird, um ein stringentes, kostensparendes Konzept noch günstiger zu machen. Grundsätzlich ist hier vor allem die Holzständerbauweise zu empfehlen, denn dabei können viele Arbeitsgänge wie Dämmung, Aufbringung von Baupappen und Ausbauplatten bis hin zur Fassadenverkleidung unter Anleitung selbst übernommen werden. Für fast jeden durchschnittlich begabten Bauherrn sind Anstricharbeiten und die Verlegung von Holzböden einfach auszuführen. Stets sollte vor dem Einplanen der eigenen Arbeitskraft die Frage stehen, ob das fachliche Know-how und die nötige Zeit vorhanden sind. Wird hier zu großzügig gerechnet, kann die Finanzierung insgesamt gefährdet werden, teure Nachfinanzierungen können die Folge sein. Besser rechnet man vorsichtiger und bringt dann gegebenenfalls später mehr Selbsthilfe als gedacht ein. Für handwerklich begabte Laien ist ein Anteil von 10 bis 15 Prozent der Handwerkerleistungen realistisch, mehr sollten sich in der Regel nur ausgebildete Bauhandwerker zutrauen. Wer schon weiß, dass seine Begabungen nicht im Baubereich liegen bzw. dass nicht die notwendige Zeit vorhanden ist, sollte sich auf gelegentliche Hilfsdienste wie etwa das Zutragen von Material beschränken. Besser angelegt ist die Zeit dann bei der Suche nach hochwertigen, aber günstigen Belägen, Sanitärausstattungen, Leuchten und Möbeln. In solchen Fällen ist es auch nicht sinnvoll, die Planung nach guter Eignung für Eigenleistung auszurichten, sondern es kommen etwa Konzepte mit hohem werkstattseitigem Vorfertigungsgrad und entsprechend kürzeren Bauzeiten infrage.

Eigenleistungen beim Innenausbau sind etwa bei Anstrichen und Fußböden möglich, sofern ein gewisses Geschick vorhanden ist. Ansonsten sollte das Augenmerk auf günstige Handwerkerleistungen gelegt werden – hier die gekonnte Ausführung von Betonoberflächen ohne teure Sichtqualität (Architekt Johannes Hiller).

Hinweis zu den Kostenangaben

Die in den Projektkapiteln genannten Kosten verstehen sich als Gesamtkosten brutto, inklusive Nebenkosten und Mehrwertsteuer. Die Angaben beziehen sich selbstverständlich auf den konkreten Einzelfall und auf den jeweiligen Bauzeitraum. Nicht enthalten sind Grundstückskosten und Außenanlagen. Für weitergehende fachliche Informationen ist eine direkte Kontaktaufnahme mit dem jeweiligen Planer zu empfehlen

22

30

36

44

52

56

62

7a
7b
68

76

82

90

96

PROJEKTE

TRANSPARENT WOHNEN

KODASEMA, TALLINN (ESTLAND)

KLEINARCHITEKTUR MIT HOHEM STANDARD

Vorgefertigte, weitgehend standardisierte Einheiten können die Grundlage für hochwertige Wohnhäuser zu geringen Kosten sein. Im Fall der mehrfach preisgekrönten Hausmodelle von Kodasema kommt auch eine hohe gestalterische Qualität hinzu, denn sie sind allesamt von hervorragenden Architekten entworfen. In unterschiedlicher Größe und in verschiedenen Ausstattungsstandards – ja, sogar als schwimmende Version erhältlich – können nahezu alle Wünsche erfüllt werden. Hier soll das Modell KODA Light näher betrachtet werden – ein veritables, vollwertiges Wohnhaus für Singles oder auch Paare, alternativ auch als traumhaftes Ferienhaus oder Büro nutzbar. Der geringe Platzbedarf prädestiniert diese für Deutschland Ü-Mark-zertifizierte KODA-Version für alle knappen Flächen, sei es in der Stadt oder auf dem Land, und verringert auf diese Weise auch die Kosten für den Grunderwerb. Zudem lässt sich die Einheit aufgrund der angepassten Abmessungen auch montiert auf einem Tieflader transportieren und per Kran an den vorgesehenen Standort heben.

Gutes Raumempfinden durch Offenheit

Das Innenraumempfinden lässt völlig vergessen, dass die Gesamtwohnfläche bei diesem Modell nur knapp 29 Quadratmeter beträgt, zuzüglich der etwa 4 Quadratmeter Terrasse. Das ist zunächst der großzügigen Verglasung über beide Geschosse zu verdanken, die das Gebäude fast ausschließlich mit Licht versorgt. Dass die übrigen Hausseiten so beinahe ohne Fenster auskommen, vereinfacht und verbilligt die Herstellung des in Stahl-Holzbauweise konzipierten Gebäudes. Das Erdgeschoss nimmt mit dem offenen, sehr geschickt zonierten und eingepassten Wohn-, Ess- und Kochbereich und dem Bad den Großteil der Gesamtfläche ein. Eine raumsparende Treppe führt hinauf zur Schlafgalerie, während auf der anderen Seite geschickterweise ein Regal eingebaut wurde.

Rechts: Das Haus KODA Light Standard zeichnet sich durch eine durchgehend verglaste Südseite mit integrierten Terrassen und hoch geschlossene Fassadenbereiche aus. Die Holzfassade ist gehobelt und farbig behandelt.

Preiswerte Haustechnik

Fußbodenheizung und Warmwasserbereitung werden mit Strom betrieben, was geringe Installations- und aufgrund des geringen Bedarfs auch moderate Betriebskosten zur Folge hat. Die Verglasungen werden mit Sonnenschutz ausgeliefert.

Links oben: Rückwärtige Seite mit kleinem Küchenfenster

Links unten: Eindruck bei Nacht mit Innenbeleuchtung

Oben: Gesamtansicht

Kostensparende Faktoren:

- ganzheitlich kostensparende Planung
- kompakter Baukörper
- sehr geringes Volumen
- Verzicht auf Keller und überflüssige Bauteile (Anbauten, Gauben etc.)
- Planung und Ausführung einfacher Details
- Minimierung von teuren Erd- und Betonarbeiten
- Beschränkung der Wohnfläche auf das Notwendige
- raumsparender, gut nutzbarer Grundriss ohne unnötige Verkehrs-/Nebenflächen
- großenteils offener Raumzusammenhang mit wenigen Innenwänden und -türen
- konzentrierte, durchdachte Stauraumlösungen
- konsequente Wahl günstiger, arbeitszeitsparender Konstruktionen und Lösungen
- Anwendung standardisierter Lösungen
- kurze Bauzeiten durch hohen Vorfertigungsgrad
- Einsatz günstiger, hochwertiger und zertifizierter Bauprodukte und Materialien
- Einsatz von günstigen Fertigteilen
- reduzierter Installationsaufwand
- günstiges Heizsystem
- gewissenhafte Vorbereitung, Steuerung und Kontrolle der Bauabläufe

Oben: Der Wohn-, Ess- und Kochbereich ist sehr ansprechend gestaltet, der Platz höchst effizient genutzt. Auf der zweiten Etage wurde der Schlafplatz angeordnet.

Rechts oben: Schlafgalerie mit eleganter Absturzsicherung

Rechts unten: Ausblick vom Wohnbereich zur Terrasse und in den Garten

Oben: Blick von der Galerie nach unten

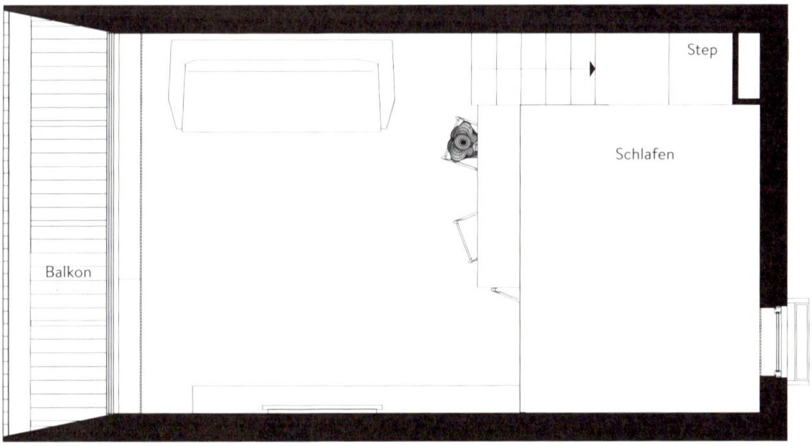

Obergeschoss

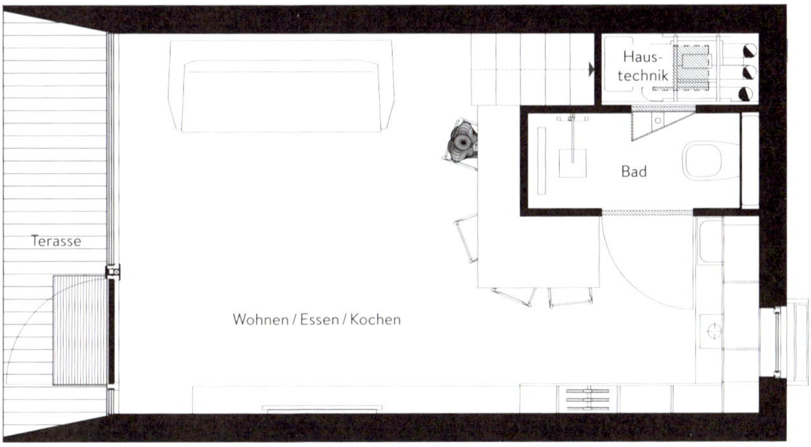

Erdgeschoss

Wichtige Baudaten

STANDORT: beliebig

WOHNFLÄCHE: 28,8 m^2 (zuzüglich 3,8 m^2 Terasse)

RAUMVOLUMEN/BRI: 65 m^3

GESAMTPREIS BRUTTO: ab ca. 78 000 Euro (KODA Light Standard, Auslieferung nach Schleswig-Holstein 2019)

KLEINES LOW-BUDGET-HAUS IN DER GROSSSTADT

ARCHITEKT SIGURD LARSEN, BERLIN

VORFERTIGUNG UND SPARSAMER GRUNDRISS ALS ERFOLGSGARANTEN

Angesichts immer schneller steigender Bau- und Grundstückspreise kommt das konventionelle Bauen hinsichtlich der finanziellen Leistbarkeit zunehmend an seine Grenzen. Dies ist gerade für Großstädte von Bedeutung, sei es nun – wie im vorliegenden Beispiel – Kopenhagen oder eben jede andere europäische Metropole. Hier gilt es, erschwinglichen Grund zu bebauen und Restflächen zu nutzen, darauf kompakte Gebäude zu errichten und auf angepasste Konstruktionen mit Spareffekt zurückzugreifen.

Kompaktheit, Vorfertigung und klarer Grundriss

Als Planungsansatz bei dem Hausmodell von Sigurd Larsen galt, auf einem Grundstück von nur 250 Quadratmetern ein kompaktes, aber funktional vollwertiges, kostengünstiges Wohnhaus für eine kleine Familie zu errichten. Möglich wurde dies durch den Gebrauch vorgefertigter, günstiger Bauteile und durch einen auf das Wesentliche reduzierten Grundriss. So blieb am Ende sogar ein schöner, 100 Quadratmeter großer Garten übrig, dessen Privatsphäre durch eine umlaufende Mauer geschützt wird. Ein kleines innerstädtisches Paradies entstand.

Um das höchste zulässige Bauvolumen optimal zu nutzen, entwarf man das Gebäude mit Satteldach. Die Konstruktion besteht aus nur drei Komponenten: der vorgefertigten Bodenplatte mit Heizestrich, den ebenfalls vorgefertigten Holz-Leichtbauwänden und den Verglasungen. Diese Standardisierung der Bauweise, die zur Minimierung des Arbeitsaufwands führte, trug deutlich zur Kosteneinsparung bei.

Das Raumprogramm folgt einer Zweiteilung des Hauses entlang des Dachfirsts. Auf der zum Garten orientierten Südseite befindet sich der knapp 40 Quadratmeter große gemeinsame Aufenthaltsbereich, in dessen Zentrum die Haustechnik platz- und kostenspa-

Rechts: Das kleine Stadthaus besitzt eine schwarz gestrichene Holz-Stülpschalung. Der Eingangsbereich ist der südlichen Gartenfassade zugeordnet, so ergibt sich nordseitig mehr Raum für die dort platzierten Zimmer.

rend konzentriert ist. Terrasse und Garten werden durch die raumbreiten und bodentiefen Fenster visuell zu einem Teil des Innenraums, der so wiederum weitläufiger wirkt. Schlaf-, Kinder- und Badezimmer sowie untergeordnete Funktionen sind zur Nordseite des Hauses hin angeordnet. Alle Innenoberflächen bestehen aus kostensparendem Sperrholz, das zur Intensivierung der Raumhelligkeit weiß gestrichen wurde. Den Kontrast dazu bilden die in schwarz gehaltenen Fassaden. Es entstand ein äußerst zukunftsträchtiges Wohnhausmodell für Stadtbereiche, in denen Bauland knapp, der Wunsch nach bezahlbarem Wohnraum aber immens groß ist.

Links oben, rechts oben und unten:
Innen und außen sind hier zu einer wirklichen Einheit zusammengefügt. Große Verglasungen, weit zu öffnende Fenster und die ebenerdig angeschlossene große Terrasse tragen wesentlich dazu bei.

Wichtige Baudaten

JAHR DER FERTIGSTELLUNG: 2014

STANDORT: Kopenhagen, Dänemark

GRUNDSTÜCKSFLÄCHE: 250 m^2

WOHN- UND NUTZFLÄCHE: 74 m^2 (einschließlich Galerie)

RAUMVOLUMEN/BRI: 375 m^3

HEIZENERGIEBEDARF/JAHR: 34,2 kWh/m^2

GESAMTKOSTEN BRUTTO: ca. 119 000 Euro

Oben: Kochen, Essen und Wohnen befinden sich unmittelbar an der südlichen Glasfassade.

Unten: Der Innenausbau erfolgte größtenteils mit günstigen, hellen Sperrholzplatten.

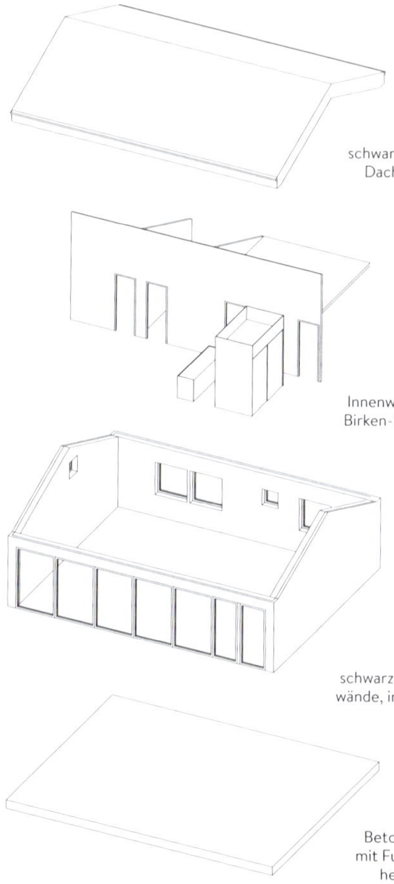

Isometrie

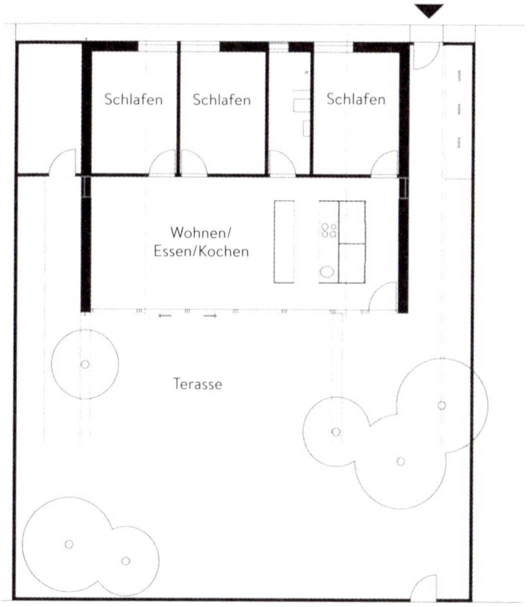

Grundriss

Kostensparende Faktoren:

- ganzheitlich kostensparende Planung
- kompakter Baukörper
- relativ geringes Volumen
- Verzicht auf Keller und überflüssige Bauteile (Anbauten, Gauben etc.)
- Planung und Ausführung einfacher Details
- Minimierung von teuren Erd- und Betonarbeiten
- Beschränkung der Wohnfläche auf das Notwendige
- raumsparender, gut nutzbarer Grundriss ohne unnötige Verkehrs-/Nebenflächen
- großenteils offener Raumzusammenhang mit wenigen Innenwänden und -türen
- konzentrierte, durchdachte Stauraumlösungen
- konsequente Wahl günstiger, arbeitszeitsparender Konstruktionen und Lösungen
- Anwendung standardisierter Lösungen
- kurze Bauzeiten durch hohen Vorfertigungsgrad (Holz-Leichtbauelemente)
- Einsatz günstiger Bauprodukte und Materialien (z. B. weiß gestrichene Sperrholzplatten für Decken- und Innenwandoberflächen)
- Verzicht auf teure Oberflächenveredelungen
- raue, wenig bis nicht behandelte Materialien
- Einsatz von günstigen Fertigteilen (z. B. Bodenplatte)
- reduzierter Installationsaufwand (z. B. zentrale Haustechnik)
- günstiges Heizsystem (Fernwärmeversorgung)
- gewissenhafte Vorbereitung, Steuerung und Kontrolle der Bauabläufe
- sorgfältige Auswahl der Bauunternehmen nach Preis und Kompetenz

GENIAL EINFACH

ARCHITEKT PETER GRUNDMANN, BERLIN

LOW-COST-BUNGALOW MIT ÜBERZEUGENDEM KONZEPT

Der Berliner Architekt Peter Grundmann gilt als das, was im Kulturleben oft als Querdenker bezeichnet wird. Mit seinen außergewöhnlichen Entwürfen gehört er zu jenen Planern, die ihre Arbeit einerseits – und durchaus mit Recht – als Kunstform, andererseits aber genauso als Dienst am Kunden betrachten. Seit vielen Jahren lotet er im Rahmen seiner Projekte, die nicht selten unter weiblicher Bauherrschaft entstehen, die gestalterischen, konstruktiven und finanziellen Grenzen des Wohnhausbaus aus. Zum Teil legt er sogar selbst Hand an seine eigene Bauten an und umfasst so das gesamte Spektrum der Architektur – von der ersten Skizze bis zur letzten Schraube. Das vorliegende Beispiel eines Singlehauses entstand im grünen Berliner Umland als Zweitauftrag für eine Frau.

Auf einer Ebene wohnen

Der Bungalow erlebt seit einigen Jahren seine verdiente Renaissance, verbindet er doch ästhetische Faszination mit dem Komfort ebenerdigen Wohnens. Seine weitgehend gewährleistete Barrierefreiheit macht ihn zudem auch zur perfekten Form des Wohnens im Alter, sodass aufwändige Umbauten wie auch ein Umzug nicht zum Thema werden müssen. Ausreichend zur Verfügung stehender Grund und die baurechtlichen Rahmenbedingungen, die ein genügend großes Baufenster gestatten, können als einzige prinzipielle Einschränkung gesehen werden. Beides war hier gegeben, dem Vorhaben stand somit nichts im Wege.

Konstruktion mit Kostenvorteil

Nun kann der Bautypus Bungalow selbstverständlich auch als immens teure Version umgesetzt werden. In diesem Fall hätte das begrenzte Budget dies allerdings nicht erlaubt. Das Konzept des Architekten konzentrierte sich also zunächst darauf, eine an sich schon kostensparende Pfosten-Riegel-Bauweise auf Punktfundamente zu stellen, die deutlich günstiger realisiert werden können

Oben: Gesamtansicht der Südseite

Unten: Ansicht von Osten. Die Querverstrebungen sparten deutlich Kosten für die Tragwerkskonstruktion.

als Streifenfundamente mit betonierter Bodenplatte. Boden und Decke des Bungalows sind Holzbalkenkonstruktionen. Um die statischen Anforderungen möglichst kostengünstig zu erfüllen – geringere Materialquerschnitten und weniger Stützen – wurden schlanke Querverstrebungen eingefügt. Weitgehend gut erhaltene Backsteinwände eines vorhandenen Schafstalls bezog der Architekt in seine Planung mit ein und machte sie mit ihrer historischen Prägung zum gestalterischen Mittelpunkt des Entwurfs.

Durchdacht bis ins Detail

Alle Räume, einschließlich der Terrassen, des Carports, des Lagerraums und der (frostfreien) Speisekammer, werden von einem Flachdach überspannt, was das Bauwerk größer als die eigentliche Wohnfläche erscheinen lässt. So ist ganzjähriger Witterungsschutz gewährleistet, gleichzeitig wird sommerliche Überhitzung verhindert, die aufgrund der großflächigen Verglasung ansonsten zum Problem werden könnte. Diese Verglasungen – gleichsam als ästhe-

Links: Die Vordächer beschirmen die Terrassenbereiche und schützen die Innenräume vor Hitze.

Unten: Straßenansicht mit dem Carport, der unter dem weitergezogenen Hausdach Platz fand

tischer Kontrast zur rauen Konstruktion gedacht – verleihen dem Baukörper eine hohe Transparenz und vermitteln der Bewohnerin das Gefühl unbedingter Nähe zur Natur. In der kalten Jahreszeit trägt die dann tiefer stehende Sonne mittels der Glasflächen zur Erwärmung der Räume bei. Ansonsten steht eine preiswerte Gas-Brennwerttherme als Zentralheizung zur Verfügung. Im Zentrum befindet sich der von den Stallmauern definierte Wohnbereich. Von ihm zweigen Ess- und Kochbereich, Bad mit Toilette sowie das Schlafzimmer direkt ab. Die vor allem auf der Süd-, aber auch Ostseite angeordnete, holzgedeckte Terrasse schließt sich in selber Höhe an. Etwas mehr als 1 Meter über dem Gelände »schwebend«, inszeniert das Haus seine naturnahe Lage auf perfekte Weise. Die bewusst natürlich belassenen Grünflächen verstärken diesen Eindruck zusätzlich. Zwei Treppen überbrücken den Niveauunterschied in den Garten. Ein Bungalow für all jene, die ein exklusives Wohnerlebnis zum fairen Preis zu schätzen wissen.

Links: Perfekte Blickbeziehungen wie hier beim Wohnbereich tragen dazu bei, den Eindruck von Großzügigkeit zu erzeugen.

Unten: Der Koch- und Essbereich. Die Deckenverkleidung aus lebhaft gemaserten Sperrholzplatten wirkt ungeachtet der geringen Kosten für Material und Montage sehr hochwertig.

Rechts: Die Landschaft ist stets im Blick; links eine aus dem früheren Schafstall erhaltene, teils neu verfugte Backsteinmauer.

Kostensparende Faktoren:

- ganzheitlich kostensparende Planung
- kompakter Baukörper
- relativ geringes Volumen
- Verzicht auf Keller und überflüssige Bauteile (Betonfundamente, Bodenplatte etc.)
- Carport statt Garage (in Gesamtkonstruktion einbezogen)
- Planung und Ausführung einfacher Details
- Minimierung von teuren Erd- und Betonarbeiten
- Beschränkung der Wohnfläche auf das Notwendige
- raumsparender, gut nutzbarer Grundriss ohne unnötige Verkehrs-/Nebenflächen
- großenteils offener Raumzusammenhang mit wenigen Innenwänden und -türen
- konzentrierte, durchdachte Stauraumlösungen
- konsequente Wahl günstiger, arbeitszeitsparender Konstruktionen und Lösungen (Punktfundamente, Querverstrebungen)
- Einsatz günstiger Bauprodukte und Materialien (z. B. Sperrholzplatten)
- Verzicht auf teure Oberflächenveredelungen
- Einsatz von vorhandenen Teilen (Wände eines früheren Schafstalls)
- reduzierter Installationsaufwand
- günstiges Heizsystem (Gas-Brennwerttherme, passive Wärmegewinne)
- gewissenhafte Vorbereitung, Steuerung und Kontrolle der Bauabläufe
- sorgfältige Auswahl der Bauunternehmen nach Preis und Kompetenz
- günstige Handwerkerangebote durch Erstellung von Leistungsverzeichnissen
- Einsatz von Eigenleistung

Oben und rechts: Lichtes Erlebnis im puristischen Badezimmer

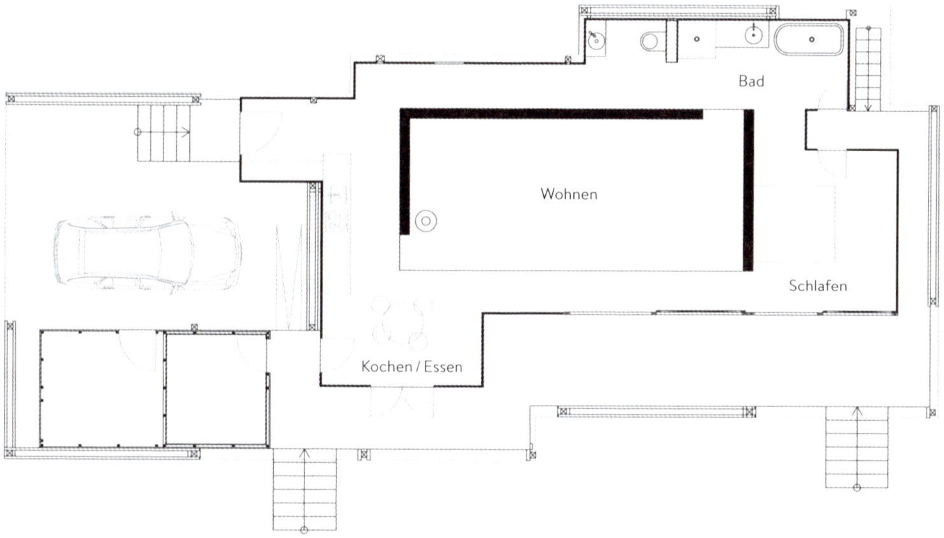

Grundriss

Wichtige Baudaten

JAHR DER FERTIGSTELLUNG: 2015

STANDORT: bei Berlin

GRUNDSTÜCKSFLÄCHE: 2600 m²

WOHNFLÄCHE: 94,5 m² (zuzüglich 15,4 m² Nutzfläche (Speisekammer, Lagerraum) und 40,3 m² Terrasse)

RAUMVOLUMEN/BRI: 323,2 m³ (nur beheizbarer Bereich)

HEIZENERGIEBEDARF/JAHR: 60 kWh/m²

GESAMTKOSTEN BRUTTO: 124 000 Euro (inklusive Küche, Einbauschrank und Badmöbel)

KLARER WEISSER KUBUS

NOARQ/JOSÉ CARLOS NUNES
DE OLIVEIRA ARQUITECTO, PORTO / TROFA (PORTUGAL)

BAUEN OHNE SCHNICKSCHNACK IN VOLLENDUNG

Der »weiße Kubus« steht in seiner großzügigen Version heute bei vielen Bauherren mit repräsentativem Anspruch hoch im Kurs. Allerdings sieht man den Archetypus selten so hervorragend ausgeführt wie bei diesem keineswegs teuren Vertreter seiner Gattung nahe der Stadt Porto. Von allen unnötigen, effektheischenden Elementen und Bauteilen befreit, zeigt sich das von Architekt José Carlos Nunes de Oliveira geplante Gebäude als zweigeschossiger Würfel mit flachem Dach, ohne jegliche Vor- und Anbauten und ohne Balkone oder Terrassen. Sogar der geschützte Eingangsbereich wird nicht durch ein Vordach gebildet, sondern ist schräg unter das Obergeschoss eingezogen.

Günstig bauen unter schwierigen Vorzeichen

Da das begrenzte Budget es erforderte, mit der Wohnfläche sparsam umzugehen, musste zunächst eine Eingabe an die Baubehörde gemacht werden, die im Bebauungsplan ausgewiesene Grund- und Wohnfläche verringern zu dürfen. Nach der Genehmigung konnte das Konzept eines kompakten Flachdachgebäudes mit zwei identisch großen Ebenen umgesetzt werden. Eine reine Würfelform ohne Anbauten ist schnell und mit geringem Aufwand zu errichten und spart aufgrund der geringen Außenoberflächen auch Heizenergie im Betrieb. Dennoch mussten zur Realisierung des Sparziels weitere Maßnahmen ergriffen werden: ein örtliches Bauunternehmen bot die im Außenwandbereich geplante gedämmt ausgeführte Betonbauweise günstig an. Anstatt in teures Oberflächenfinish investierte man in Notwendiges und Nützliches. So ist der zentrale Kern des Hauses mit attraktiv gemaserten, günstigen Kiefer-Sperrholzplatten verkleidet worden. Der mittig in das Erdgeschoss eingestellte, 5,20 x 3,70 Meter große Block nimmt Küche, Regaleinheiten, Toilette und Treppe auf, wirkt gleichzeitig als Raumteiler und erspart so Innenwände und -türen. Ein willkomme-

Rechts: Ansicht der südlichen Gartenseite. Hinten links ist der eingezogene Eingangsbereich zu erkennen.

Oben: Gartenseite bei abendlicher Stimmung mit Innenbeleuchtung

Unten: Straßenansicht

ner Effekt dabei ist, dass der Raumzusammenhang durch die offene Struktur ausgesprochen großzügig wirkt. Die zentrale Anordnung der Haustechnik ersparte Kosten für Installationsleitungen. Zudem wurde die von den Bauherren ursprünglich gewünschte Anzahl der Nassräume auf ein Bad mit WC und eine Toilette reduziert. Nicht zuletzt natürlich profitiert das Familienwohnhaus von den wunderbar positionierten Belichtungsöffnungen, die nicht nur für helle Räume, sondern auch für deren Entgrenzung mittels vielfältiger Durch- und Ausblicke sorgen.

Oben: Kochinsel mit kleiner Theke. Der mit günstigen Sperrholzplatten verschalte zentrale Bereich nimmt neben Küchenmöbeln und Regaleinheiten die Toilette und die Treppe auf.

Links oben: Die Treppe zum Obergeschoss, hinten der Wohnbereich

Oben und rechts: Wohn- und Essbereich im Erdgeschoss

Kostensparende Faktoren:

- ganzheitlich kostensparende Planung
- kompakter Baukörper
- relativ geringes Volumen
- Verzicht auf überflüssige Bauteile (Anbauten, Gauben etc.)
- Planung und Ausführung einfacher Details
- Minimierung von teuren Erd- und Betonarbeiten
- Beschränkung der Wohnfläche auf das Notwendige
- raumsparender, gut nutzbarer Grundriss ohne unnötige Verkehrs-/Nebenflächen
- großenteils offener Raumzusammenhang mit wenigen Innenwänden und -türen
- konzentrierte, durchdachte Stauraumlösungen
- konsequente Wahl günstiger, arbeitszeitsparender Konstruktionen und Lösungen
- Anwendung standardisierter Lösungen
- kurze Bauzeiten durch hohen Vorfertigungsgrad
- Einsatz günstiger Bauprodukte und Materialien
- Verzicht auf teure Oberflächenveredelungen
- raue, wenig bis nicht behandelte Materialien
- Einsatz von günstigen Fertigteilen
- reduzierter Installationsaufwand
- gewissenhafte Vorbereitung, Steuerung und Kontrolle der Bauabläufe
- sorgfältige Auswahl der Bauunternehmen nach Preis und Kompetenz
- Einbringung von Eigenleistung (z. B. Endbehandlung der Sichtestrichböden)

Oben: Elternschlafzimmer und Bad im Obergeschoss

Unten links: Panoramablick in die Landschaft

Unten rechts: Viel Glas und weiße Flächen weiten das Badezimmer optisch auf.

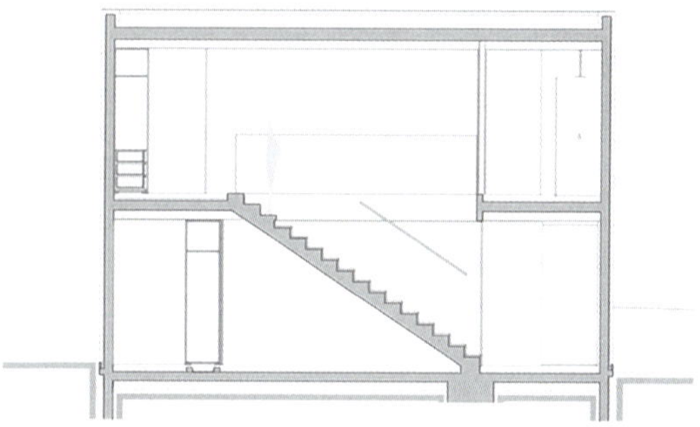

Schnitt

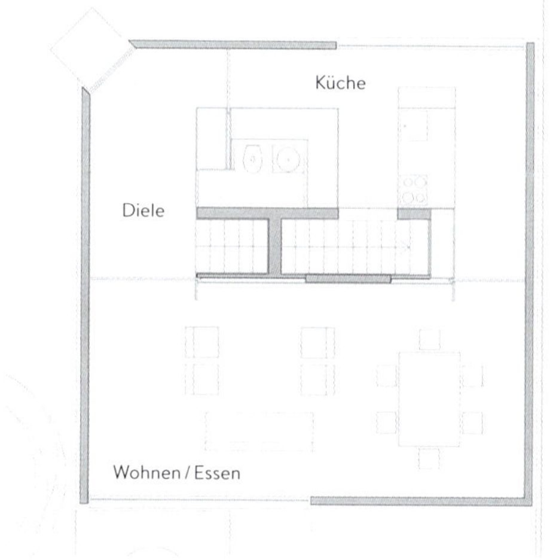

Erdgeschoss

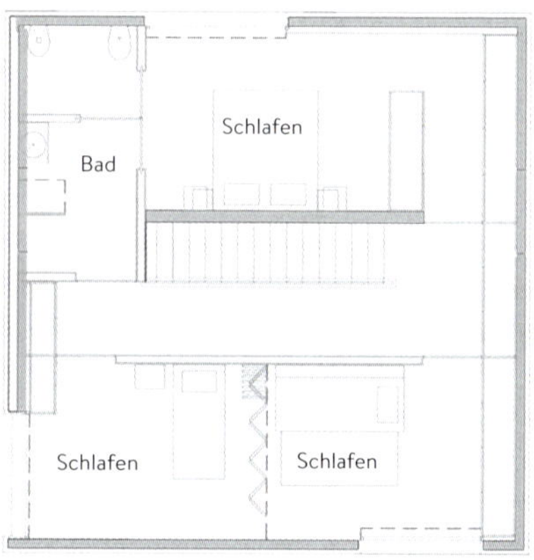

Obergeschoss

0 2 4 10

N

Wichtige Baudaten

JAHR DER FERTIGSTELLUNG: 2016

STANDORT: bei Porto (Portugal)

GRUNDSTÜCKSFLÄCHE: 390 m^2

WOHNFLÄCHE: 160 m^2 (zuzüglich Terrasse)

RAUMVOLUMEN/BRI: 1205 m^3

GESAMTKOSTEN BRUTTO: 130 000 Euro

DAS KOMFORT-SPARHAUS

COMMOD HOUSE, GRAZ (ÖSTERREICH),
MIT LUGMAYR+SCHWARZGRUBER ARCHITEKTEN

HOHE WOHNQUALITÄT UND OPTIMALE PLATZAUSNUTZUNG

Kostengünstige Häuser stehen zum Teil im Ruf, nur ein Minimum an Wohnqualität zu bieten. Dass dies so nicht zutrifft, beweisen Michaela Maresch und Gerald Brencic mit ihrem Unternehmen Commod House immer wieder aufs Neue. Nachhaltigkeit und ökologische Qualität sehen sich in ihren Hauskonzepten gleichermaßen verwirklicht. Das hier vorgestellte Modell MI weist darüber hinaus eine Ausstattung auf, die den Wohnwert deutlich über das Niveau von so manchem teuren Wohnhaus hinaushebt.

Viel Wohngenuss auf kleiner Fläche

Unter dem Aspekt der Kompaktheit ist das Hauskonzept grundsätzlich auf die Optimierung des Platzes ausgerichtet. Dies geschieht jedoch auf kreative Weise, unter anderem durch offene Raumzuschnitte des gemeinsamen Wohn-, Ess- und Kochbereichs sowie durch schöne Ausblicke, aber auch durch die Zugabe von lebensverschönernden Komfortelementen wie einem zweiten Bad, einer Outdoor-Sauna aus Altholz, zwei Lagerräumen (einer davon mit Photovoltaik-Speicher) und einem Weinlager. Letztere sind jedoch sinnvollerweise außerhalb des beheizbaren und gedämmten Wohnbereichs angeordnet, was wiederum beträchtlich Kosten spart. Zusätzlich gibt es zwei Carports. Die verschiedenen baulichen Komponenten sind aus drei Grundmodulen in Holzriegelbauweise T-förmig zusammengefügt, ihre Anordnung ließ einen uneinsehbaren, intimen Außenbereich mit großem Sitzplatz entstehen. Diese nach Westen ausgerichtete Holzterrasse wurde zum Schutz gegen Sonne und Witterung überdacht. Im Inneren sind, abgesehen von den gefliesten Bädern, durchgehend geölte Eichendielen verlegt. Die Hochglanzoberflächen der Küche treten dazu wirkungsvoll in Kontrast und verhindern, dass der Werkstoff Holz optisch die Oberhand gewinnt.

Oben: Bei der Gestaltung der Gartenseite war eines der wichtigsten Ziele, durch Positionierung der Baukörper und durch das Terrassendach uneinsehbare Wohnräume im Freien zu schaffen.

Unten: Die Eingangsseite ist zurückhaltend gestaltet und nur mit wenigen Öffnungen versehen, um unerwünschte Einblicke zu verhindern. Die Anordnung der Baukörper lässt einen atriumartigen Hofbereich entstehen.

Nachhaltig und sparsam

Neben der nachhaltigen und effizienten Bauweise verfügt das Wohnhaus auch über einen bemerkenswerten Luftdichtigkeitsstandard und bietet eine hocheffiziente ökologische Dämmung aus Holzweichfaserplatten und Zellulose, darüber hinaus geölte Lärchenholzfenster mit Dreifachverglasung. Zusätzlich besteht die Möglichkeit, auf einem der Pultdächer Photovoltaik-Elemente für die Stromversorgung der Infrarot-Fußbodenheizung zu montieren und so die Energieeffizienz weiter zu erhöhen.

Links und rechts: Die Planung der Innenarchitektur und Möblierung sowie die Ausführung erfolgten durch Commod House. Links ist der Koch- und Essbereich, rechts das Schlafzimmer zu sehen.

Wichtige Baudaten

JAHR DER FERTIGSTELLUNG: 2017

STANDORT: flexibel

GRUNDSTÜCKSFLÄCHE: 629 m^2

WOHN- UND NUTZFLÄCHE: 68 m^2 (zuzüglich Terrasse)

RAUMVOLUMEN/BRI: 177,35 m^3 (ohne Sauna, Lager, Carport)

HEIZENERGIEBEDARF/JAHR: 57,6 kWh/m^2

GESAMTKOSTEN BRUTTO: ca. 135 000 Euro (Stand 2017)

Grundriss

Kostensparende Faktoren:

- ganzheitlich kostensparende Planung
- kompakter Baukörper
- relativ geringes Volumen
- Verzicht auf Keller und überflüssige Bauteile (Gauben etc.)
- Carport statt Garage
- detailgenaue Planung und Ausführung
- Verzicht auf teure Erd- und Betonarbeiten
- Beschränkung der Wohnfläche auf das Notwendige
- raumsparender, gut nutzbarer Grundriss ohne unnötige Verkehrs-/Nebenflächen
- großenteils offener Raumzusammenhang mit wenigen Innenwänden und -türen
- konzentrierte, durchdachte Stauraumlösungen
- konsequente Wahl günstiger, arbeitszeitsparender Konstruktionen und Lösungen
- Anwendung standardisierter Lösungen (z. B. Modulbauweise)
- kurze Bauzeiten durch hohen Vorfertigungsgrad
- Einsatz hochwertiger ökologischer Bauprodukte und Materialien im Werk
- teils raue, wenig bis nicht behandelte Materialien (z. B. Schwartenbretter an der Sauna)
- Einsatz von günstigen Fertigteilen
- reduzierter Installationsaufwand
- effizientes Heizsystem (Infrarotheizung)
- gewissenhafte Vorbereitung, Steuerung und Kontrolle der Bauabläufe
- sorgfältige Auswahl der Bauunternehmen nach Preis und Kompetenz

REDUZIERTES RAUMPROGRAMM OHNE BEENGTHEIT

COMMOD HOUSE, GRAZ (ÖSTERREICH)

WOHNEN FÜR EINE KLEINE FAMILIE, EIN PAAR ODER EINEN SINGLE

70 Quadratmeter können wenig, aber auch sehr viel sein. Bei diesem gelungenen Kompaktbungalow liegt das Geheimnis nicht allein darin, dass die Wohn- und Nutzfläche auf einer Ebene angeordnet ist, sondern auch in der klaren Gestaltung des Grundrisses und in dem bewusst reduzierten, auf die wesentliche Nutzung abgestimmten Raumprogramm.

Wenige Räume, klare Strukturen

Der zusammenhängende Wohn-, Ess- und Kochbereich kommt ohne Abtrennungen und Zwischenwände aus, ermöglicht durch große Lärchenholzfenster weite Ausblicke und ist ebenso hell wie freundlich. Der weiß geölte Eichenholzboden unterstreicht den lichten und großzügigen Eindruck. Bad, WC und untergeordnete Funktionen wie Erschließungsbereich und Hauswirtschaft sind nur so groß wie unbedingt nötig bemessen, um die auf der Westseite angeordneten Schlafräume weitläufiger gestalten zu können.

Nachhaltigkeit als »kostenlose« Dreingabe

Wie alle Modulhäuser von Commod House ist auch dieses Gebäude in Holzriegelbauweise erstellt, mit dreifach verglasten Holzfenstern ausgestattet und mit Produkten aus nachwachsenden Rohstoffen – Holzweichfaser und Zellulose – gedämmt. Es wird ein sehr guter Niedrigenergiestandard erreicht, die Verbrauchswerte nähern sich dem eines Passivhauses.

Oben: Die Außenanlagen umfassen eine auskragende, 55 Quadratmeter große Terrasse mit Pergolakonstruktion sowie einen Abstellraum als Kellerersatz.

Unten: Die Holzschiebeelemente dienen nicht nur als Sonnenschutz, sondern auch als gestalterische Akzente in der ansonsten schlichten weißen Fassade.

Oben: Die große Terrasse bietet einen weiten Ausblick in die Landschaft.

Unten: Ansicht des Hauses mit der vorgelagerten Terrasse von der Talseite

Wohnqualität im Außenbereich

Für wirksamen und gestalterisch hochwertigen Sonnenschutz sorgen Holzschiebeläden. Lärchenholzleisten kontrastieren an der Fassade reizvoll mit weiß verputzten Partien. Eine große, von Ost nach Süd umlaufende und zusätzlich auch nach Westen ausgerichtete, von einer Pergola überspannte Terrasse fungiert gleichsam als zusätzlicher Wohnbereich. Auf der Ostseite bietet ein Lagerraum Platz für diverse Utensilien und Geräte. Eine Holzrampe auf der Nordseite stellt den barrierefreien Zugang zum Haus sicher.

Oben und links: Der durchgängig konzipierte Wohn-, Ess- und Kochbereich mit Blick zur Terrasse. Durch das Öffnen und Schließen der Holzschiebeelemente entstehen im Innenraum vielfältige Lichtstimmungen.

Oben: Die individuelle Innenraumplanung und -gestaltung der Küche und der Kücheninsel mit ausziehbarem Esstisch setzt auf natürliche Materialien wie Holz, das mit weißen Oberflächen zusammenwirkt. Beides harmoniert sehr gut mit dem weiß geölten Eichenparkett.

Unten: Schlafzimmer mit Ausblick

Wichtige Baudaten

JAHR DER FERTIGSTELLUNG: 2017

STANDORT: flexibel

GRUNDSTÜCKSFLÄCHE: 1656 m²

WOHN- UND NUTZFLÄCHE: 70 m² (zuzüglich Terrassen)

RAUMVOLUMEN/BRI: 192,2 m³

HEIZENERGIEBEDARF/JAHR: 35,7 kWh/m²

GESAMTKOSTEN BRUTTO: ca. 135 000 Euro (Stand 2017)

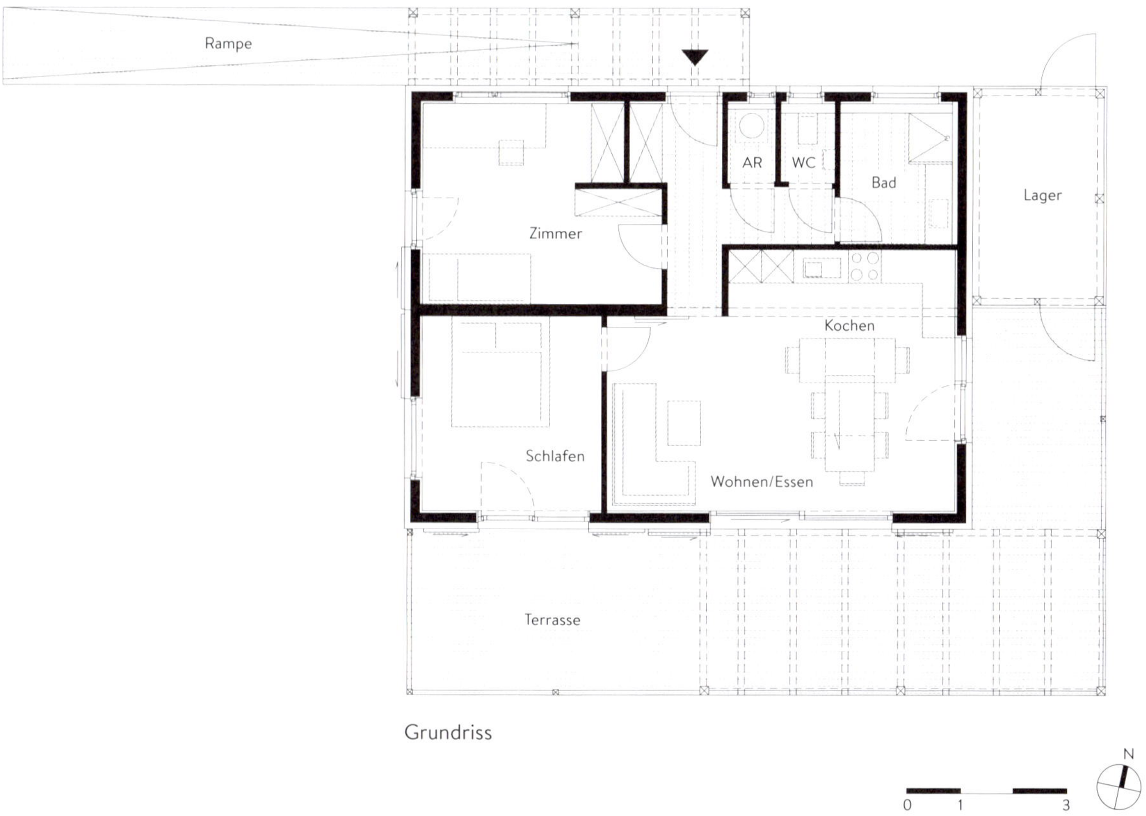

Grundriss

Kostensparende Faktoren:

- ganzheitlich kostensparende Planung
- kompakter Baukörper
- relativ geringes Volumen
- Verzicht auf Keller und überflüssige Bauteile (Gauben etc.)
- detailgenaue Planung und Ausführung
- Verzicht auf teure Erd- und Betonarbeiten
- Beschränkung der Wohnfläche auf das Notwendige
- raumsparender, gut nutzbarer Grundriss ohne unnötige Verkehrs-/Nebenflächen
- großenteils offener Raumzusammenhang mit wenigen Innenwänden und -türen
- konzentrierte, durchdachte Stauraumlösungen
- konsequente Wahl günstiger, arbeitszeitsparender Konstruktionen und Lösungen
- Anwendung standardisierter Lösungen (z. B. Modulbauweise)
- kurze Bauzeiten durch hohen Vorfertigungsgrad
- Einsatz hochwertiger ökologischer Bauprodukte und Materialien im Werk
- Einsatz von günstigen Fertigteilen
- reduzierter Installationsaufwand
- gewissenhafte Vorbereitung, Steuerung und Kontrolle der Bauabläufe
- sorgfältige Auswahl der Bauunternehmen nach Preis und Kompetenz
- günstige Handwerkerangebote durch Erstellung von Leistungsverzeichnissen

60 QUADRATMETER WOHLFÜHLEN

COMMOD HOUSE, GRAZ (ÖSTERREICH),
MIT KEFER | WAGNER ARCHITEKTUR ZT

SCHLANKES KOMPAKTHAUS AUF KLEINER GRUNDFLÄCHE

Das Kostensparen beginnt beim Wohnhausbau bekanntlich schon bei der Auswahl des Grundstücks. Je weniger Grund erworben werden muss, desto mehr Finanzmittel bleiben für das Bauvorhaben an sich übrig. Zudem stehen in Stadt und Vorstadt oft nur kleine Baufenster zur Verfügung, und manches Mal lassen schmale, längliche Parzellen inklusive der geforderten Abstände zu den Nachbargrundstücken nur wenig Spielraum. Insofern ist dieses Beispiel ein hervorragendes Modell für erschwingliches und auch extrem flächensparendes Bauen.

Kompakte Form, hochwertige Architektur

Auf einer Grundfläche von nur etwas mehr als 40 Quadratmetern errichtet, erstreckt sich das Gebäude über zwei Geschosse. Nach seinem Dach- und Fassadenmaterial Bitumenschindeln wurde es von den Bauherren-Kindern »Drachenhaus« getauft. Neben der aufrechten, schmalen Form des Hauses fällt dem Betrachter gleich das asymmetrische Satteldach ins Auge. Die bis zu 3 Meter hohen Räume im Obergeschoss, Elternschlaf- und Kinderzimmer gewinnen durch die Einbeziehung des Dachspitzes deutlich an Volumen und damit an gefühlter Größe. Zusätzlich besitzen die Schlafräume eine unter das Dach eingezogene, geschützte Loggia. Aufgrund der ausgezeichneten Belichtung und den geschickt gesetzten Ausblicken entstand eine hohe innenräumliche Qualität, die sogar weit größere Gebäude vermissen lassen. Im Erdgeschoss, das ein weiß lasiertes Eichenholzparkett schmückt, befindet sich neben dem platzsparend eingepassten Bad und WC der gemeinsame Wohn-, Ess- und Kochbereich. Um die lang gezogene Gestaltung des Badezimmers visuell aufzuweiten, wurde der obere Bereich der Treppe ohne Setzstufen ausgeführt und ermöglicht somit, dass das Son-

Rechts: Das asymmetrische Satteldach ermöglicht die Ausnutzung des Raums bis unter das Dach.

nenlicht bis tief ins Gebäude vordringen kann. Unter der Treppe wurde wertvoller Stauraum geschaffen. Eine dreiseitig umlaufende Terrasse vergrößert zusätzlich den Aufenthaltsbereich. Alle Fenster sind aus Fichte gefertigt, dreifach verglast und innen wie außen anthrazitfarben behandelt. Gedämmt wurde mit nachwachsenden Rohstoffen, die Heizungsversorgung stellt eine Luft-Luft-Wärmepumpe sicher.

Links: Von der Loggia unter dem Dach bietet sich ein wunderbarer Ausblick auf die umgebende Berglandschaft.

Rechts: Nur einige Lärchenholzelemente durchbrechen teilweise die Einheitlichkeit der anthrazitfarbenen Fassade.

Rechts unten: Dank der großen Verglasungen wirkt der Wohnraum besonders hell. Die Ausblicke und die hellen Farben der Innenoberflächen unterstreichen den Eindruck von Weite trotz kleiner Fläche.

Links: Das durch den Treppenraum einstrahlende Tageslicht und das warme Licht im Gang schaffen schon beim Betreten des Hauses einen hellen und freundlichen Eindruck.

Rechts: Das Elternschlafzimmer im Dachgeschoss profitiert von den hohen Decken. Die trapezförmige Balkontür Richtung Norden setzt einen gestalterischen Akzent.

Wichtige Baudaten

JAHR DER FERTIGSTELLUNG: 2018

STANDORT: flexibel

GRUNDSTÜCKSFLÄCHE: 591 m^2

WOHN- UND NUTZFLÄCHE: 60 m^2 (zuzüglich Terrasse)

RAUMVOLUMEN/BRI: 138 m^3

HEIZENERGIEBEDARF/JAHR: 58,7 kWh/m^2

GESAMTKOSTEN BRUTTO: ca. 140 000 Euro (Stand 2018)

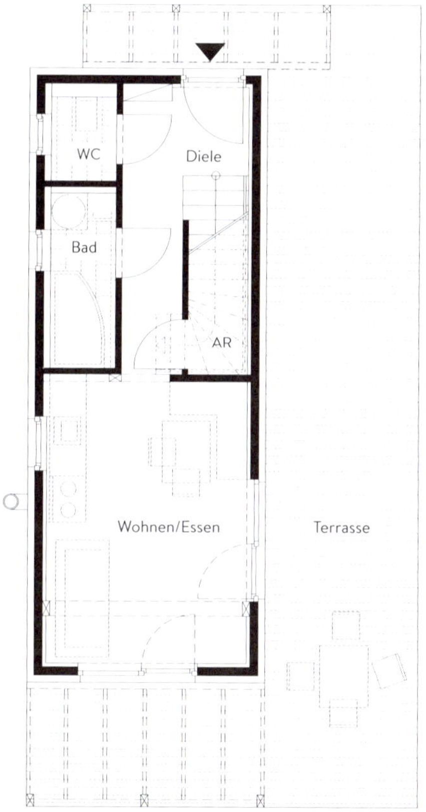

Erdgeschoss

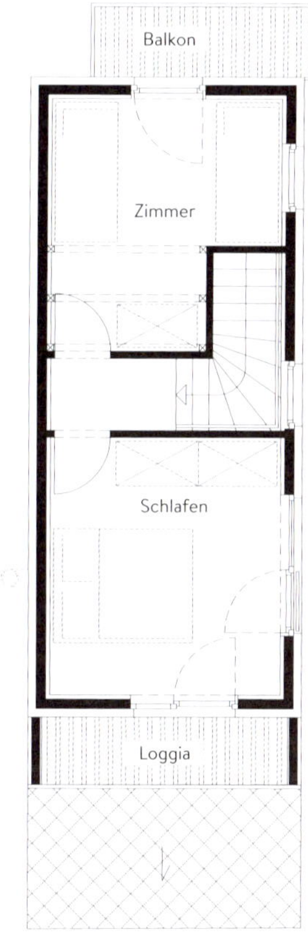

Obergeschoss

Kostensparende Faktoren:

- ganzheitlich kostensparende Planung
- kompakter Baukörper
- relativ geringes Volumen
- Verzicht auf Keller und überflüssige Bauteile (Gauben etc.)
- Carport statt Garage
- detailgenaue Planung und Ausführung
- Verzicht auf teure Erd- und Betonarbeiten
- Beschränkung der Wohnfläche auf das Notwendige
- raumsparender, gut nutzbarer Grundriss ohne unnötige Verkehrs-/Nebenflächen
- großenteils offener Raumzusammenhang mit wenigen Innenwänden und -türen
- konzentrierte, durchdachte Stauraumlösungen
- konsequente Wahl günstiger, arbeitszeitsparender Konstruktionen und Lösungen
- Anwendung standardisierter Lösungen (z. B. Modulbauweise)
- kurze Bauzeiten durch hohen Vorfertigungsgrad
- Einsatz hochwertiger ökologischer Bauprodukte und Materialien im Werk
- teils raue, wenig bis nicht behandelte Materialien
- Einsatz von günstigen Fertigteilen
- reduzierter Installationsaufwand
- gewissenhafte Vorbereitung, Steuerung und Kontrolle der Bauabläufe
- sorgfältige Auswahl der Bauunternehmen nach Preis und Kompetenz
- günstige Handwerkerangebote durch Erstellung von Leistungsverzeichnissen

SOZIALER WOHNUNGSBAU MIT ANSPRUCH

ARCHITEKTEN SPIEKERMANN,
BEELEN (NORDRHEIN-WESTFALEN)

DOPPELHAUSPROJEKT MIT QUALITÄT UND KOSTENVORTEIL

Dass die Förderung des sozialen Wohnungsbaus von Teilen der Politik seit Jahren vernachlässigt wurde, bedarf in der aktuellen Krise der Bau- und Wohnungspreise im Grunde keiner weiteren Erörterung. Dort, wo der Wohnungsbau gefördert wird, versteht man das Thema überwiegend bezogen auf große Mehrparteienanlagen. Dies wird der Bandbreite der Möglichkeiten jedoch nicht gerecht, wie das hier vorgestellte Beispiel eines Doppelhauses bei Münster belegt, das mit seinen extrem niedrigen Baukosten überzeugt. Und ganz nebenbei widerlegt das von Architekt Oliver Spiekermann entworfene Gebäude auch das tief sitzende Vorurteil, soziales Wohnen könne gar nicht schön aussehen.

Haus aus Kuben

Das vom Bauherrn und Planer von vornherein zur Vermietung als sozialer Wohnraum gedachte Doppelhaus erweckt nicht den Anschein, als dass hier an irgendetwas gespart worden wäre. Vielmehr wirkt es wie eine kubische Doppelhausvilla für Architekturliebhaber. Ganz bewusst plante Oliver Spiekermann mit höchster Kreativität. Durch die aus dem Kanon der klassischen Moderne abgeleitete Gebäudeform mit ihrer teils turmartigen Anmutung und ihren vier angedockten Kuben wollte er hohe gestalterische Qualität und visuelle Vielfalt statt der üblichen Eintönigkeit schaffen. Dies gelingt durch die kreative Art, wie die Gebäudeteile zueinander angeordnet sind und durch das Spiel mit unterschiedlichen Fassadenmaterialien. Die in Kalksandstein errichteten, gedämmten Außenwände sind teils verputzt, teils aber auch mit günstigen Messing-, Aluminium- oder Sperrholzplatten bzw. Kunstrasen auf Holzunterkonstruktion bezogen. Die Eingangs- und Stauraumkuben, die auch den fehlenden Keller kompensieren, erhielten transluzente

Rechts: Die gut besonnte Gartenseite mit den beiden Terrassen, die jeweils direkt den Wohn-/Essbereichen zugeordnet sind.

Oben: Ansicht von der Straße. Links im Vordergrund der Abstellraum der ersten Doppelhaushälfte.

Außenwände aus doppelwandig montierten Polycarbonat-Stegplatten. Mit jedem Wechsel des Betrachterstandpunkts verändert sich auf faszinierende Weise die Wahrnehmung des Gebäudes.

Sparmodell Doppelhaus

Das Doppelhaus stellt gleichsam die kleinste Einheit des gemeinsamen Bauens dar. Kostenvorteile liegen darin, dass weniger (teurer) Baugrund benötigt wird als bei einer Bebauung mit Einfamilienhäusern, sich Arbeitsabläufe multiplizieren, vereinfachen und so günstiger anbieten lassen und dass Bauteile in größeren Stückzahlen, das heißt preiswerter bezogen werden können. In diesem Fall kam noch hinzu, dass eine gemeinsame Gas-Brennwertheizung beide Haushälften versorgt, was die Installationskosten für Kessel und Brenner jeweils halbierte. Bei der Planung musste sich der Architekt an die Richtlinien der Wohnungsbauförderungsanstalt halten, die unter anderem eine Beschränkung der Wohnfläche, eine bestimmte Aufteilung der einzelnen Funktionsbereiche und eine barrierefreie Bauausführung umfassten. Beide unterschiedlich, abwechslungsreich geschnittenen Haushälften bringen es jeweils auf eine Wohnfläche von 106 Quadratmetern, zuzüglich der reinen Nutzflächen und Terrassen. Angesichts der optimierten, hervorragend nutzbaren Grundrisse reicht dies für Familien mit zwei Kindern völlig aus. Die Kompaktheit macht sich natürlich auch bei den niedrigen Heizkosten im täglichen Betrieb bemerkbar. Dachmontierte Solarkollektoren liefern ihren Beitrag zur Warmwasserbereitung und Heizungsunterstützung.

Oben und unten: Geradlinige Formgebung und individuelle Gestaltung: Die Frontalansichten der Straßen- und der Gartenfassade.

Oben links: Flur im Erdgeschoss mit raumsparend eingeplanter Treppe

Oben rechts: Ess- und Kochbereich

Kostensparende Faktoren:

- ganzheitlich kostensparende Planung
- kompakter Baukörper
- relativ geringes Volumen
- Verzicht auf Keller und überflüssige Bauteile
- Verzicht auf eine Garage
- Planung und Ausführung einfacher Details
- Minimierung von teuren Erd- und Betonarbeiten
- Beschränkung der Wohnfläche auf das Notwendige
- raumsparender, gut nutzbarer Grundriss ohne unnötige Verkehrs-/Nebenflächen
- teils offener Raumzusammenhang mit wenigen Innenwänden und -türen
- konzentrierte, durchdachte Stauraumlösungen
- konsequente Wahl günstiger, arbeitszeitsparender Konstruktionen und Lösungen
- Anwendung standardisierter Lösungen
- Einsatz günstiger Bauprodukte und Materialien (z. B. Sperrholz und recycelte Metallplatten für Fassaden)
- Einsatz von günstigen Fertigteilen
- reduzierter Installationsaufwand
- günstiges Heizsystem (nur eine Heizzentrale für beide Häuser)
- gewissenhafte Vorbereitung, Steuerung und Kontrolle der Bauabläufe
- sorgfältige Auswahl der Bauunternehmen nach Preis und Kompetenz
- günstige Handwerkerangebote durch Erstellung von Leistungsverzeichnissen

Oben: Wohnzimmer mit großen Glasflächen zu Terrasse und Gartenseite

Links: Badezimmer

Die gelungene Kombination unterschiedlicher, teils außergewöhnlicher und auch günstiger Fassadenmaterialien – hier neben verputztem Mauerwerk Sperrholz, Metallplatten und Kunstrasen – trägt zur spannungsvollen Gesamtgestaltung bei.

Wichtige Baudaten

JAHR DER FERTIGSTELLUNG: 2010

STANDORT: bei Münster (Nordrhein-Westfalen)

GRUNDSTÜCKSFLÄCHE GESAMT: 511 m^2

WOHNFLÄCHE: 106 m^2 je Doppelhaushälfte (zuzüglich Nutzflächen und Terrassen)

RAUMVOLUMEN / BRI: 1045 m^3 (ohne Abstellräume)

HEIZENERGIEBEDARF / JAHR: 54 kWh / m^2

GESAMTKOSTEN BRUTTO: ca. 154 000 Euro je Doppelhaushälfte

Obergeschoss

Erdgeschoss

BUNGALOW MIT ANPASSUNGSPOTENZIAL

COMMOD HOUSE, GRAZ (ÖSTERREICH), MIT MIA 2 ARCHITEKTUR

GROSSZÜGIG WOHNEN AUF EINER EBENE

Steht ausreichend Platz zur Verfügung – wie etwa in ländlichen Gebieten oder wie hier auf einem großen Grundstück in der Stadt – so können auch Wohngebäude mit einer Grundfläche von 100 und mehr Quadratmetern hochfunktional und kosteneffizient verwirklicht werden. Der von Commod House entworfene Bungalow setzt den zusammenhängenden Wohn-, Ess- und Kochbereich in sein Zentrum, um das sich vier Schlafräume gruppieren – jeweils zwei auf jeder Seite. Eine gedachte Mittelachse, die in der Konstruktion bereits vorgesehen ist und bei Bedarf als Wand eingezogen werden kann, ermöglicht die Teilung des Hauses in zwei Wohneinheiten. Dies kann sich als praktisch erweisen, will ein erwachsenes Kind weiter bei den Eltern wohnen, aber dennoch sein »eigenes Reich« haben. Ein weiterer Beweggrund der Planung war die mögliche Teilung und der spätere Verkauf nach Auszug der Kinder. Dasselbe gilt, wenn ein Teil vermietet oder eine Pflegekraft benötigt werden sollte. Da die Bäder beiderseits der Mittelachse angeordnet sind und auch die Erschließung variabel konzipiert ist, müsste zur Anpassung des Grundrisses nur eine schnell und kostengünstig herzustellende Leichtbau-Trennwand im Bereich des Wohnraums eingezogen werden.

Über 100 Quadratmeter Großzügigkeit

Augenblicklich genießen die Bauherren jedoch die Weitläufigkeit der über 100 Quadratmeter auf einer Ebene, wobei sich der Wohn-, Ess- und Kochbereich allein über 36 Quadratmeter erstreckt. Kiefer-Schiffsbodenparkett weitet den Hauptraum nochmals visuell auf. Große, lasierte Fichtenholzfenster mit Dreifachverglasung lassen reichlich Licht in die Zimmer und unterstreichen die Großzügigkeit. Die weiß verputzten Fassaden bilden damit eine harmo-

Rechts: Die Terrasse mit der Pergolakonstruktion zieht sich über die gesamte Westseite.

nische Einheit. Eine große, holzgedeckte und mit einer Pergola überspannte Terrasse nimmt die gesamte Länge des Hauses ein. Auf der gegenüberliegenden Eingangsseite gewährleistet eine Rampe die barrierefreie Zugänglichkeit des Hauses.

Oben: Terrasse und Wohnraum bilden eine gestalterische Einheit.

Rechts: Auf der Südseite befindet sich eine zweite, ebenfalls von einer Pergola überspannte Terrasse, die von den Kinderzimmern aus zugänglich ist.

Kostensparende Faktoren:

- ganzheitlich kostensparende Planung
- kompakter Baukörper
- relativ geringes Volumen
- Verzicht auf Keller und überflüssige Bauteile (Gauben etc.)
- detailgenaue Planung und Ausführung
- Verzicht auf teure Erd- und Betonarbeiten
- Beschränkung der Wohnfläche auf das Notwendige
- raumsparender, gut nutzbarer Grundriss ohne unnötige Verkehrs-/Nebenflächen
- großenteils offener Raumzusammenhang mit wenigen Innenwänden und -türen
- konzentrierte, durchdachte Stauraumlösungen
- konsequente Wahl arbeitszeitsparender Konstruktionen und Lösungen
- Anwendung standardisierter Lösungen (z. B. Modulbauweise)
- kurze Bauzeiten durch hohen Vorfertigungsgrad
- Einsatz hochwertiger ökologischer Bauprodukte und Materialien
- Einsatz von Fertigteilen
- reduzierter Installationsaufwand
- gewissenhafte Vorbereitung, Steuerung und Kontrolle der Bauabläufe
- sorgfältige Auswahl der Bauunternehmen nach Preis und Kompetenz
- günstige Handwerkerangebote durch Erstellung von Leistungsverzeichnissen

Oben: Der zentrale Wohnraum mit Kochbereich bildet das Herzstück des Hauses.

Wichtige Baudaten

JAHR DER FERTIGSTELLUNG: 2016

STANDORT: flexibel

GRUNDSTÜCKSFLÄCHE: 695 m^2

WOHN- UND NUTZFLÄCHE: 104 m^2 (zuzüglich Terrassen)

RAUMVOLUMEN/BRI: 282,15 m^3

HEIZENERGIEBEDARF/JAHR: 30,5 kWh/m^2

GESAMTKOSTEN BRUTTO: ca. 195 000 Euro (Stand 2016)

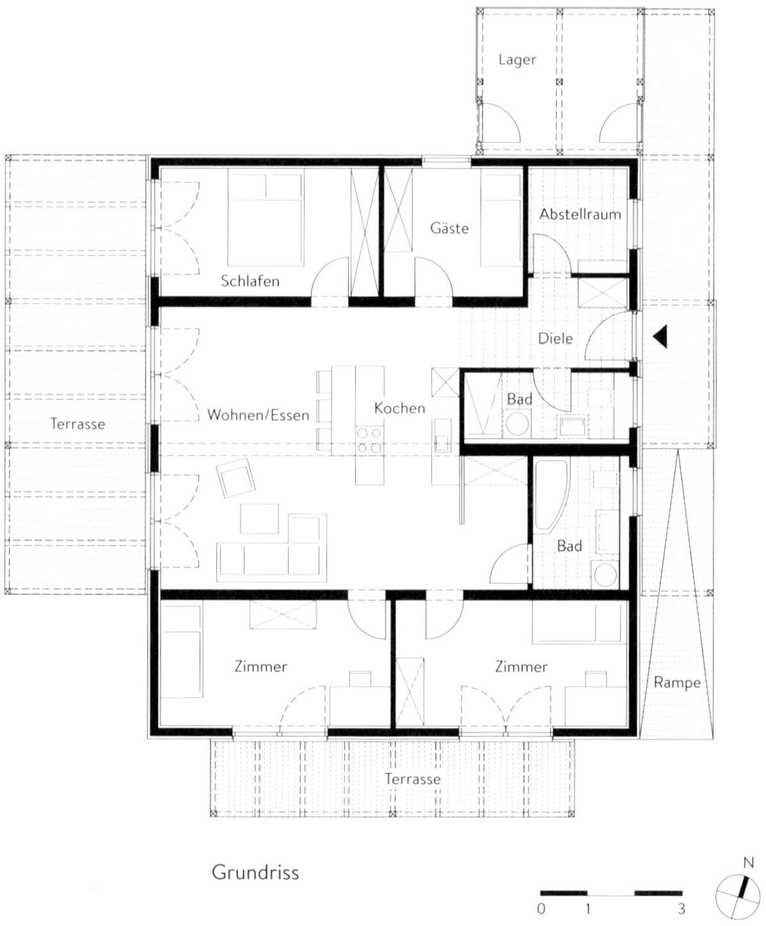
Lager
Gäste
Abstellraum
Schlafen
Diele
Kochen
Bad
Wohnen/Essen
Terrasse
Bad
Zimmer
Zimmer
Rampe
Terrasse
N
0
1
3

Grundriss

WOHNWÜRFEL FÜR ZWEI

ARCHITEKT GUIDO HAGEL, WESSELING (BEI KÖLN)

MINIMALHAUS MIT PASSIVHAUSSTANDARD

Soll ein Gebäude architektonische Qualität und Funktionalität mit geringen Kosten verbinden, so ist die Reduktion die wichtigste Aufgabe. Bei jedem Aspekt der Planung muss bedacht werden, wie möglichst viel mit möglichst wenig erreicht werden kann. Architekt Guido Hagel konnte dies nicht nur am eigenen Objekt, sondern sprichwörtlich auch am eigenen Leib erfahren.

Kleines Haus auf kleinem Grund

Es sollte ein kostengünstiges Wohngebäude für den Planer und Bauherrn und seinen Sohn entstehen. Als Spezialist für architektonische und energetische Innovation, machte es sich der Architekt zunächst zum Ziel, beim eigenen Zwei-Personen-Haus auszuloten, welche Möglichkeiten trotz hoher Baupreise gegeben sind. Das unweit der Brühler Schlösser gelegene Grundstück war aufgrund seiner geringen Größe von 270 Quadratmetern sowie der dadurch eingeschränkten Bebaubarkeit lange nicht verkauft worden und daher günstig zu erwerben. Der Plan eines Minimalhauses, das sich nicht nur durch geringe Baukosten, sondern auch durch geringen Aufwand in Betrieb und Unterhalt auszeichnen sollte, ließ sich darauf jedoch gut umsetzen. Dafür genügte eine Grundfläche von 51 Quadratmetern, wodurch noch ausreichend Gartenraum übrig blieb.

Minimale Fläche, maximale Wohnqualität

Das Gebäude ist überwiegend offen strukturiert, was zusammen mit den großen Verglasungen trotz kleiner Wohnfläche ein sehr angenehmes Wohnerleben ermöglicht. Beide Wohnebenen sind ähnlich eingeteilt – die Schlafbereiche von Vater und Sohn im Ober- und Erdgeschoss sogar identisch bemessen. Ähnlich wie bei anderen Bauteilen galt auch hier die Prämisse, durch einheitliche Zuschnitte und Bauteile einen einfacheren Bauablauf und dadurch geringere Kosten zu ermöglichen. In einem eigens eingerichteten »Wohnlabor« untersuchte der Architekt schon im Vorfeld, welche Gebäudeabmessungen und Einrichtungen nötig und möglich wa-

Rechts: Ansicht des Hauses von Südwesten mit dem »Hausbaum«

Links: Die große Holzterrasse, die an einen Bootssteg erinnern soll, wurde vom Architekten und Eigentümer in Eigenleistung realisiert.

Rechts: Blick durch das Erdgeschoss. Die geringen Raumabmessungen werden optisch durch die großen Fensterflächen aufgefangen, sodass kein Gefühl der Beengtheit aufkommen kann. Die in leuchtendem Orange gehaltene gefaltete Stahltreppe wirkt als gestalterischer Blickfang.

Rechts unten links: Die Küchenzeile wurde platzsparend unter der Treppe angeordnet.

Rechts unten rechts: Das Kinderzimmer im Erdgeschoss

ren. Letztlich entschied er sich für einen Würfel mit Flachdach und zwei Wohngeschossen mit jeweils knapp über 30 Quadratmetern. Essen und Kochen sind zusammen mit dem WC im Erdgeschoss, der Wohnbereich und das Bad im Obergeschoss angeordnet. Die zentral in das Gebäude gestellte Treppe aus gefaltetem Blech lässt zu allen Seiten einen Abstand von 2,65 Metern, was sich als vollkommen ausreichend erweist.

Hohe Energieeffizienz günstig erreicht

Das geringe Volumen des nur 65 Quadratmeter großen, in Ziegelmauerwerk mit Ortbetondecken errichteten Hauses führt zusammen mit der sehr guten Luftdichtigkeit und Dämmung sowie den Dreifachverglasungen zu einem geringen Energieverbrauch, der das Gebäude zum Passivhaus macht. Dadurch konnte sogar gänzlich auf ein eigentliches Heizsystem verzichtet werden; die kontrollierte Be- und Entlüftung mit Wärmerückgewinnung, die Wärmeabstrahlung von Geräten und Menschen sowie die passive Nutzung der Solarenergie durch die Glasscheiben sind die einzigen Wärmequellen. Die Lüftungsanlage ist auch für die Warmwasserbereitung zuständig. Genial einfach eben.

Kostensparende Faktoren:

- ganzheitlich kostensparende Planung
- kompakter Baukörper
- relativ geringes Volumen
- Verzicht auf Keller und überflüssige Bauteile (Anbauten, Gauben etc.)
- Verzicht auf eine Garage
- Planung und Ausführung einfacher Details
- Minimierung von teuren Erd- und Betonarbeiten
- Beschränkung der Wohnfläche auf das Notwendige
- raumsparender, gut nutzbarer Grundriss ohne unnötige Verkehrs-/Nebenflächen
- großenteils offener Raumzusammenhang mit wenigen Innenwänden und -türen
- konzentrierte, durchdachte Stauraumlösungen
- konsequente Wahl günstiger, arbeitszeitsparender Konstruktionen und Lösungen
- Anwendung standardisierter Lösungen
- kurze Bauzeiten durch hohen Vorfertigungsgrad
- Einsatz günstiger Bauprodukte und Materialien
- Verzicht auf teure Oberflächenveredelungen
- raue, wenig bis nicht behandelte Materialien
- reduzierter Installationsaufwand
- gewissenhafte Vorbereitung, Steuerung und Kontrolle der Bauabläufe
- sorgfältige Auswahl der Bauunternehmen nach Preis und Kompetenz
- günstige Handwerkerangebote durch Erstellung von Leistungsverzeichnissen
- Einsatz von Eigenleistung (Teile des Innenausbaus, Maler- und Lackierarbeiten, Bau der Terrasse)

Links: Das Obergeschoss als Multifunktionsraum: Wohnen, Schlafen, Duschen, Sport, Arbeiten und Musizieren. Die schwarze Platte dient als Abdeckung für einen Deckenausschnitt, durch den später einmal eine Treppe zur künftigen Dachterrasse geführt werden könnte.

Rechts oben und unten: Die Sitzecke und der Schlafbereich des Bauherrn im Obergeschoss sind durch den Treppenausschnitt sowie eine dunkle Brüstungsplatte separiert, der Raumzusammenhang bleibt erlebbar.

Oben: Blick ins Erdgeschoss

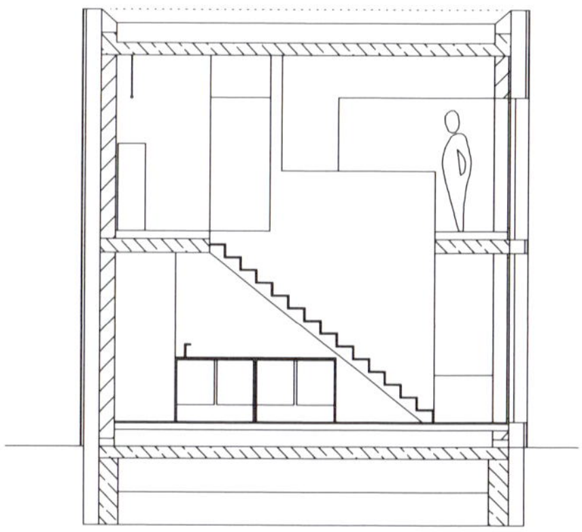

Schnitt

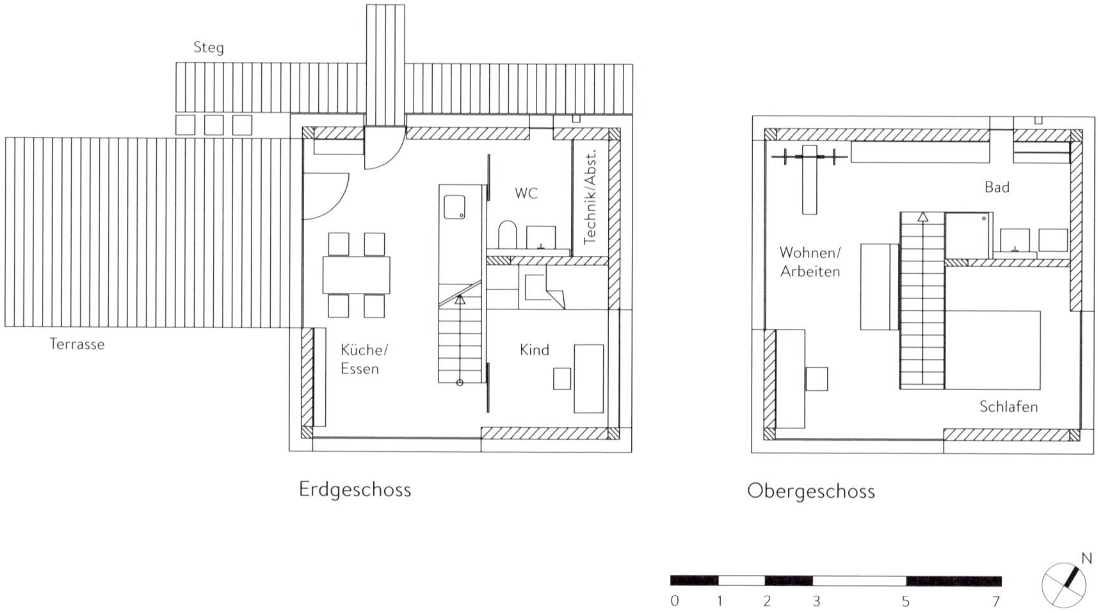

Erdgeschoss

Obergeschoss

Wichtige Baudaten

JAHR DER FERTIGSTELLUNG: 2017

STANDORT: bei Köln

GRUNDSTÜCKSFLÄCHE: 270 m²

WOHNFLÄCHE: 65 m² (zuzüglich Technik, Abstellraum und Terrasse)

RAUMVOLUMEN/BRI: 323 m³

HEIZENERGIEBEDARF/JAHR: 15 kWh/m² (Passivhausstandard)

GESAMTKOSTEN BRUTTO: 198 000 Euro (inklusive 20 000 Euro Ansatz für ein Architektenhonorar)

LICHT LEBEN

ARCHITEKT SIGURD LARSEN, BERLIN

HOHER WOHNWERT IN NEUER DEFINITION

Dieses Wohnhausprojekt von Architekt Sigurd Larsen zeigt vorbildhaft, wie höchste Wohnqualität auch ohne hohen technischen und finanziellen Aufwand umgesetzt werden kann – und dies bei ebenso hohem ökologischem Anspruch. Als Voraussetzung hierfür gilt die Bereitwilligkeit der Bauherren, Wohnqualität eben gerade nicht als das Ergebnis von großer Fläche, edlen Materialien oder der Ansammlung vieler technischer Features zu verstehen.

Licht und Nachhaltigkeit

Vielmehr kommt es bei diesem Hauskonzept auf die Wirkung des einfallenden Lichts im Zusammenspiel mit den offenen Raumstrukturen und den großzügigen Deckenhöhen an. Die Verglasungen wurden dabei so in die Fassaden gesetzt, dass sich nicht nur eine enorme Raumhelligkeit ergibt, vielmehr werden auch einzelne Raumzonen zu bestimmten Zeiten durch punktuellen Lichteinfall besonders betont. Die weiß gestrichenen Oberflächen reflektieren und verstärken das Licht zusätzlich. Darüber hinaus platzierte und dimensionierte man viele Fenster auch so, dass ganze Landschaftspanoramen hervorragend inszeniert werden konnten, während unschöne Perspektiven eher ausgeblendet sind. Die hohen Decken über dem Wohn-, Ess- und Kochbereich bei offener Struktur lassen das Volumen optimal erleben. Um den gemeinsamen Bereich sind die privaten Zimmer, Bad und untergeordneten Nutzungen angeordnet, eine Wohn- und eine Gästegalerie vervollständigen das Raumprogramm.

Rechts: Die Ansicht des kompakten Pultdachhauses zeigt, dass die Fenster mit Bedacht in die Fassaden gesetzt sind, um die einzelnen Wohnbereiche optimal zu belichten.

Kostengünstige Nachhaltigkeit

Dass das puristisch großartige Wohnerlebnis trotz einer eher bescheidenen Gesamtwohnfläche und eines knappen Budgetrahmens möglich ist, gilt für die Bauherren selbstverständlich als bedeutender Aspekt. Hinzu kommt die hohe ökologische Nachhaltigkeit, die aus der angewandten Bauweise mit vorgefertigten Holz-Leichtbauelementen, der sehr guten Dämmung und Luftdichtigkeit und den Dreifachverglasungen in Kombination mit der Kompaktheit des Baukörpers resultiert.

Ganz links oben: Blick durch Wohn- und Essbereich zum Schlafzimmer, eine Treppe führt auf die Galerie mit Arbeitsbereich.

Ganz links unten: Im Schlafzimmer sorgen relativ kleine Fenster für optimale, punktuelle Belichtung, ohne dass der Raum überhitzt wird.

Links: Panoramablick vom Arbeitsplatz auf der Galerie

Kostensparende Faktoren:

- ganzheitlich kostensparende Planung
- kompakter Baukörper
- relativ geringes Volumen
- Verzicht auf Keller und überflüssige Bauteile (Anbauten, Gauben etc.)
- Planung und Ausführung einfacher Details
- Minimierung von teuren Erd- und Betonarbeiten
- Beschränkung der Wohnfläche auf das Notwendige
- raumsparender, gut nutzbarer Grundriss ohne unnötige Verkehrs-/Nebenflächen
- großenteils offener Raumzusammenhang mit wenigen Innenwänden und -türen
- konzentrierte, durchdachte Stauraumlösungen
- konsequente Wahl günstiger, arbeitszeitsparender Konstruktionen und Lösungen
- Anwendung standardisierter Lösungen
- kurze Bauzeiten durch hohen Vorfertigungsgrad (Holz-Leichtbauelemente)
- Einsatz günstiger Bauprodukte und Materialien (z. B. weiß gestrichene Sperrholzplatten für Decken- und Innenwandoberflächen)
- Verzicht auf teure Oberflächenveredelungen
- raue, wenig bis nicht behandelte Materialien (z. B. unbehandelte Lärchenholzleisten für die Fassade)
- Einsatz von günstigen Fertigteilen
- reduzierter Installationsaufwand
- günstiges Heizsystem
- gewissenhafte Vorbereitung, Steuerung und Kontrolle der Bauabläufe
- sorgfältige Auswahl der Bauunternehmen nach Preis und Kompetenz

Oben: Ansicht von Südwesten mit dem Hauseingang

Wichtige Baudaten

JAHR DER FERTIGSTELLUNG: 2017

STANDORT: Frikøbing / bei Kopenhagen (Dänemark)

GRUNDSTÜCKSFLÄCHE: 400 m^2

WOHN- UND NUTZFLÄCHE: 135 m^2 (einschließlich zwei Galerien)

RAUMVOLUMEN/BRI: 400 m^3

HEIZENERGIEBEDARF/JAHR: 25,2 kWh/m^2

GESAMTKOSTEN BRUTTO: ca. 229 000 Euro

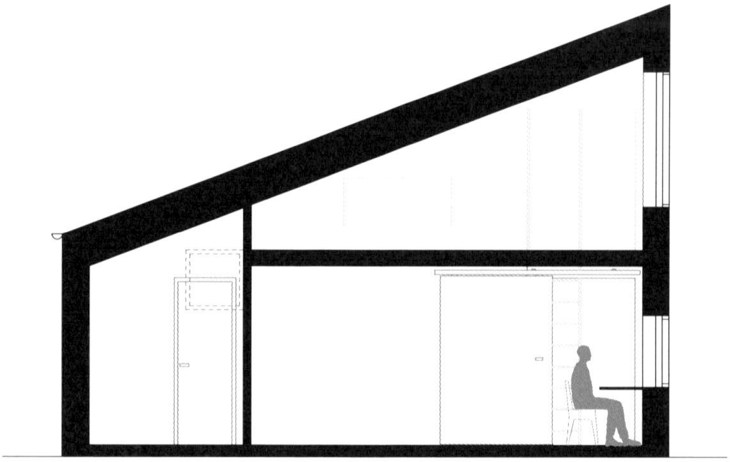

Schnitt

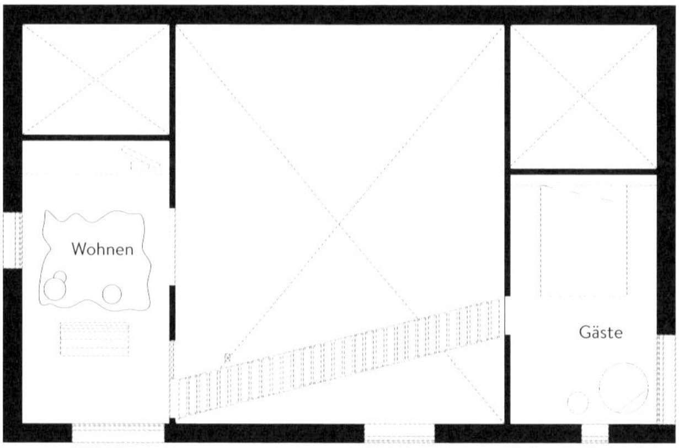

Galeriegeschoss

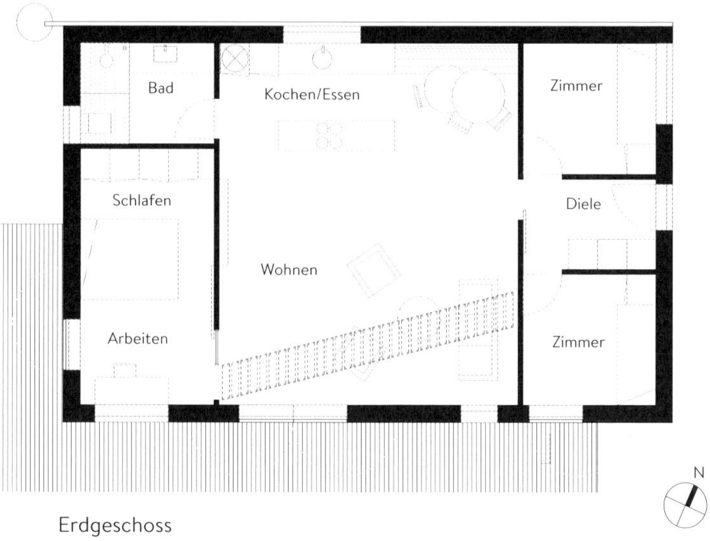

Erdgeschoss

WOHNGRUPPENKONZEPT ÜBER DEN DÄCHERN VON WIEN

PPAG ARCHITECTS, WIEN (ÖSTERREICH)
PROJEKTLEITUNG: PETER PRENNER

MITEINANDER GÜNSTIG UND UNGEWÖHNLICH BAUEN

Kreativität und Innovation zeigen sich durchaus auch darin, etwas wunderbar Neues harmonisch mit Bestehendem zu verbinden. Das renommierte Wiener Büro von PPAG Architects vollbrachte dieses Kunststück bei der Aufstockung eines gründerzeitlichen Wohn- und Geschäftshauses mitten im Stadtzentrum. Wie es gerade in Wien des Öfteren geschieht, sollte der bis dato als Speicher genutzte Dachbereich in einen Wohnbereich umgewandelt werden – allerdings nicht zu luxuriösen Penthouses, sondern in ein Wohngruppenkonzept zu günstigen Kosten.

Miteinander planen und bauen

Vier Bauherrschaften hatten sich zusammengetan, um in 16 Metern Höhe ihre eigene kleine Wohnwelt zu erschaffen. Um die Interessen und Ansprüche aller Beteiligten systematisch erfassen und berücksichtigen zu können, wurden gemeinsame Workshops mit Bauherren und Architekten veranstaltet. Wo die eine Partei sich mehr einbrachte, überließ die andere die Detailarbeit eher dem Sachverstand der Planer.

Der Liftzugang – eingebaut in die alte Treppenöffnung – bildet das Zentrum des »Hauptplatzes«, von dem die vier separaten Eingänge erschlossen werden. Die innere Struktur der einzelnen Häuser ist zum großen Teil offen, um den 89 bis 107 Quadratmeter großen Einheiten ein optimales Wohngefühl zu verleihen. Vier zweigeschossige, aus unterschiedlich großen Raumkuben gebildete Häuser, die in ihrer Anordnung und Gestaltung an ein tunesisches Dorf erinnern, arrangieren sich zu einer Wohnstruktur mit versetzten

Rechts: Dachlandschaft – eine hofseitige Freitreppe und ein Lift erschließen die vier Wohnungen über einen gemeinsamen offenen Vorplatzbereich im Dachgeschoss.

Oben: Von der Straße nicht sichtbar entstand über den Dächern von Wien eine Hauslandschaft, bei der Assoziationen zu tunesischen Dörfern tatsächlich nahe liegen.

Unten: Die Terrassen der einzelnen Wohneinheiten sind so angeordnet, dass sie untereinander nicht einsehbar sind.

Rechts: Sitzplatz mit Stadtblick

Ebenen sowie gemeinsamen und privaten Freibereichen. Letztere sind von den anderen Häusern nicht einsehbar. Die unterschiedlich hohen Kuben verfügen über ein Galeriegeschoss, andere auch über doppelte Raumhöhen mit offen geführter Treppe. Alle Außenoberflächen der in Holzrahmenbauweise erstellten Gebäude wurden zur Betonung der gestalterischen Einheitlichkeit mit einem Spezialputz gegen Witterungseinflüsse geschützt. So entsteht innenräumlich Spannung und im Außeneindruck eine harmonische, gleichzeitig aber vielfältige und spannende Architekturlandschaft.

Oben: Jede Wohnung besteht aus unterschiedlich großen und hohen Raumkuben mit je eigenständigem Charakter. Die Proportionen der Räume reagieren auf die jeweilige Nutzung.

Links und rechts: Einige Kuben beinhalten ein Galeriegeschoss, einige haben doppelte Raumhöhen mit interner Treppe, andere sind nur eingeschossig.

Kostensparende Faktoren:

- ganzheitlich kostensparende Planung
- kompakter Baukörper
- relativ geringes Volumen je Wohneinheit
- Verzicht auf überflüssige Bauteile
- Planung und Ausführung einfacher Details
- Beschränkung der Wohnfläche auf das Notwendige
- raumsparende, gut nutzbare Grundrisse ohne unnötige Verkehrs-/Nebenflächen
- großenteils offener Raumzusammenhang mit wenigen Innenwänden und -türen
- konzentrierte, durchdachte Stauraumlösungen
- konsequente Wahl günstiger, arbeitszeitsparender Konstruktionen und Lösungen
- Anwendung standardisierter Lösungen
- kurze Bauzeiten durch hohen Vorfertigungsgrad
- Einsatz günstiger Bauprodukte und Materialien
- Einsatz von günstigen Fertigteilen
- günstige Heizungsinstallation (Mitnutzung der bestehenden Heizzentrale)
- gewissenhafte Vorbereitung, Steuerung und Kontrolle der Bauabläufe
- sorgfältige Auswahl der Bauunternehmen nach Preis und Kompetenz
- günstige Handwerkerangebote durch Erstellung von Leistungsverzeichnissen

Links und oben: Beispiel für eine Wohneinheit mit interner Treppe und Galerieebene. Die Offenheit der Raumstruktur lässt die Wohnfläche größer, teils fast loftartig wirken.

Wichtige Baudaten

JAHR DER FERTIGSTELLUNG: 2012

STANDORT: Wien

GRUNDSTÜCKSFLÄCHE: 679 m²

BEBAUTE FLÄCHE: 526 m²

WOHNNUTZFLÄCHE: insgesamt 396 m² (zuzüglich 213 m² Terrassen); vier Wohneinheiten mit 89 bis 104 m²

RAUMVOLUMEN/BRI: insgesamt 1500 m³

GESAMTKOSTEN BRUTTO: ab ca. 232 800 Euro für eine Wohneinheit, insgesamt ca. 1,2 Mio. Euro

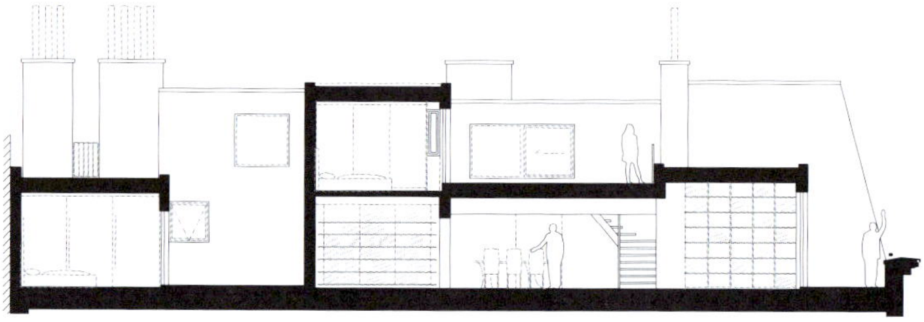

Schnitt

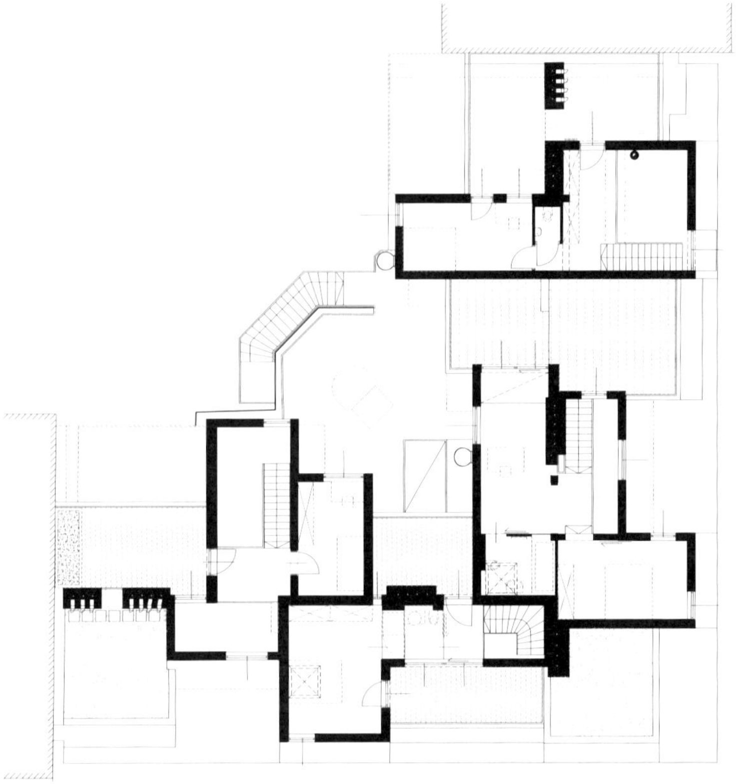

2. Geschoss

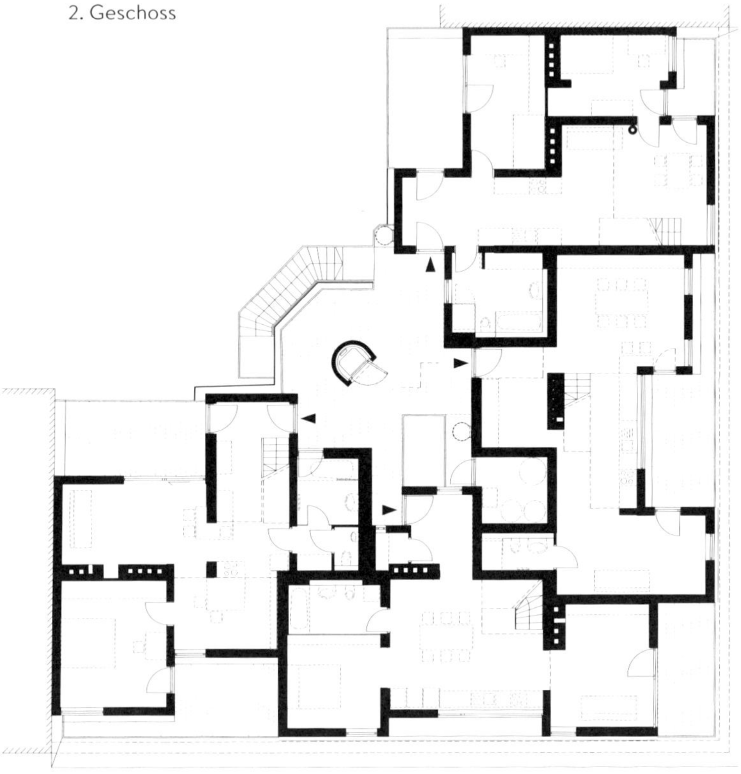

1. Geschoss

ZUSAMMEN BAUEN UND SPAREN

ARCHITEKT MARKUS NIEDERMEIER, DEGGENDORF (BAYERN)

EIN HAUS FÜR ZWEI FAMILIEN

Gemeinschaftliche Bauvorhaben sind eine zukunftsträchtige Methode für private Bauherren, um Baukosten zu sparen. Voraussetzung ist hierbei, dass sich die Baupartner gut verstehen und gleiche Vorstellungen vom Wohnen haben. Das war bei diesem Doppelhaus der etwas anderen Art der Fall. Eine ehemalige, nun getrennt lebende Familie hatte sich entschieden, mit dem Architekten Markus Niedermeier zusammen ein Haus mit zwei Wohneinheiten zu bauen, statt getrennt zwei teure Wohnungen zu erwerben.

Viel Wohnwert trotz begrenzter Fläche

Da die beiden Bauherrschaften – Vater mit Kind und Mutter – unterschiedliche Ansprüche an die Wohnfläche hatten, wurde eine Wohneinheit 80, die andere 50 Quadratmeter groß. Während bei einer der Eingang auf der nordöstlichen Traufseite liegt, befindet er sich bei der anderen, kleineren Einheit auf der nordwestlichen Giebelseite, was nicht zuletzt die Privatsphäre verstärkt. In beiden Fällen war es dank des steil geneigten Dachs möglich, gut nutzbare Galerien einzuziehen, die mit einfachen, raumsparenden Bausatz-Spindeltreppen erschlossen werden. In der kleineren Einheit entstand so eine Schlafgalerie, im anderen Fall ein Büro sowie ein abgetrenntes Kinderzimmer. Die wichtigsten Funktionen wie Wohnen, Essen, Kochen und Badezimmer sind jeweils im Erdgeschoss angeordnet. Dies vermindert zusammen mit der zentral platzierten Haustechnik den Aufwand für Installationsleitungen. Ferner wurden durch den Einbau einer relativ günstigen Luft-Wärmepumpe, die beide Einheiten mit Heizwärme versorgt, Kosten gespart. Die tragenden Betoninnenwände blieben so wie geliefert, Deckenuntersichten und Galerieböden bestehen aus lediglich lasierten OSB-Platten, die sonst meist im Vorausbau zum Einsatz kommen. Große, nach Südwesten ausgerichtete Fenster lassen viel Licht herein und

Rechts: Gesamtansicht mit großzügig verglaster Gartenfassade

lösen die Grenzen der Wohnräume nach draußen auf. Die Terrasse mit anteilig 22 bzw. 13 Quadratmetern ist optimal zur Sonne orientiert.

Klarer Baukörper mit Sparmehrwert

Neben der Kompaktheit des Hauses trugen auch weitere Punkte zum Erreichen des Sparziels bei. Hierzu zählen der Verzicht auf Dachüberstände, ausladende Vordächer, Anbauten oder Gauben ebenso wie die Planung ohne Vor- und Rücksprünge in der Fassade. All diese Elemente hätten das Bauen deutlich verteuert, ohne einen wirklichen Wohnmehrwert darzustellen. So ist dieses Haus für zwei Parteien der beste Beweis dafür, wie Bescheidung und kreative planerische Überlegungen zu einem deutlichen Einspareffekt bei hoher Wohnqualität führen können.

Oben links: Blick von Nordosten

Oben: Wohnraum mit Aussicht in den Garten

Unten: Ess- und Wohnbereich mit Galerieebene

Oben: Raumsparende Erschließung der Galerieebene mittels einer Spindeltreppe

Oben: Blick von der Schlafgalerie ins Erdgeschoss. Der Luftraum sorgt für ein offenes Raumgefühl.

Kostensparende Faktoren:

- ganzheitlich kostensparende Planung
- kompakter Baukörper
- relativ geringes Volumen
- Verzicht auf Keller und überflüssige Bauteile (Anbauten, Gauben etc.)
- Planung und Ausführung einfacher Details
- Minimierung von teuren Erd- und Betonarbeiten durch Auswahl eines ebenen Grundstücks mit tragfähigem Bauuntergrund
- Beschränkung der Wohnfläche auf das Notwendige
- raumsparender, gut nutzbarer Grundriss ohne unnötige Verkehrs- / Nebenflächen
- teils offener Raumzusammenhang mit wenigen Innenwänden und -türen
- konzentrierte, durchdachte Stauraumlösungen
- konsequente Wahl günstiger, arbeitszeitsparender Konstruktionen und Lösungen
- Anwendung standardisierter Lösungen
- Einsatz günstiger Bauprodukte und Materialien (z. B. Betonfertigteile für die tragenden Innenwände, Spindeltreppen als Bausatz)
- Verzicht auf teure Oberflächenveredelungen; raue, wenig bis nicht behandelte Materialien (z. B. OSB-Platten nur lasiert)
- reduzierter Installationsaufwand durch zentral platzierten Technikraum
- günstiges Heizsystem (Luft-Wärmepumpe für zwei Wohneinheiten)
- gewissenhafte Vorbereitung, Steuerung und Kontrolle der Bauabläufe
- sorgfältige Auswahl der Bauunternehmen nach Preis und Kompetenz
- günstige Handwerkerangebote durch Erstellung von Leistungsverzeichnissen
- Einsatz von Eigenleistung

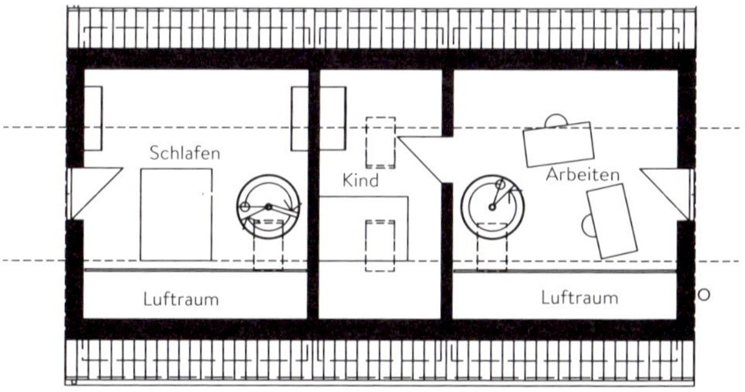

Obergeschoss

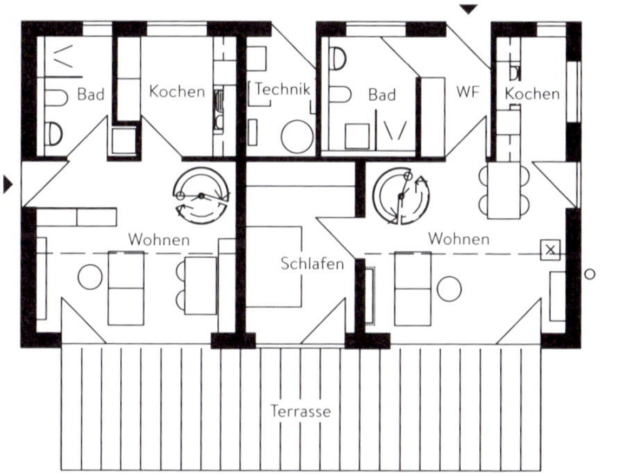

Erdgeschoss

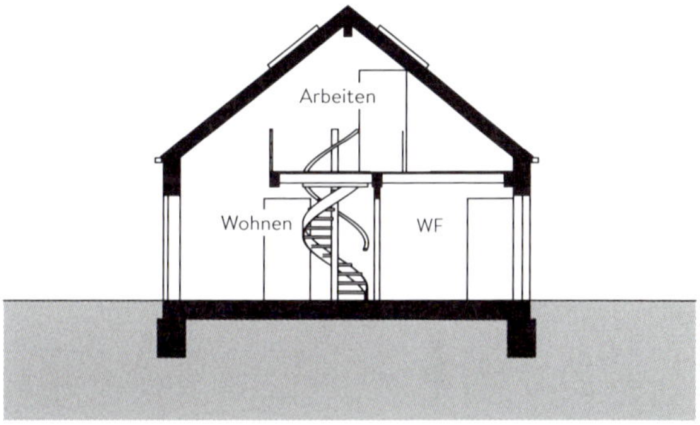

Schnitt

Wichtige Baudaten

JAHR DER FERTIGSTELLUNG: 2017

STANDORT: bei Deggendorf (Bayern)

GRUNDSTÜCKSGRÖSSE: 690 m²

WOHN- UND NUTZFLÄCHE: Wohnung 1 ca. 80 m² (zuzüglich ca. 22 m² Terrasse), Wohnung 2 ca. 50 m² (zuzüglich ca. 13 m² Terrasse)

RAUMVOLUMEN / BRI: 560 m³ (ohne Geräteraum)

HEIZENERGIEBEDARF / JAHR: ca. 69 kWh / m²

GESAMTKOSTEN BRUTTO: 243 000 Euro

PROJEKT DER UNMÖGLICHKEITEN

ARCHITEKT FLORIAN STOCKER, REMSHALDEN (BADEN-WÜRTTEMBERG)

PREISWERT BAUEN MIT KONZEPT

Dieses Bauvorhaben in einem kleinen Ort nahe Stuttgart stellte alle Beteiligten vor größte Herausforderungen. Das mehr als knappe Budget der Familie hätte einen Hausbau unter konventionellen Vorgaben nie gestattet. Deshalb waren Ideen und ein findiger Planer gefragt, den die Bauherren schließlich in Architekt Florian Stocker fanden. In enger Abstimmung mit den engagierten Bauherren entstand das Konzept eines in jeder Hinsicht außergewöhnlichen Sparhauses mit hoher gestalterischer Qualität.

Kleines Grundstück mit Potenzial

Bereits die extrem schmal-längliche Form des Grundstücks war als Herausforderung zu sehen, hatte dieser Zuschnitt zuvor doch schon manchen Interessenten abgeschreckt. Vorteil: Der Preis war daher um einiges günstiger als in der Region üblich. Zudem durfte der Neubau nur auf dem kleinsten, bereits vorher bebauten Teil des Grundstücks errichtet werden. So wurde auf kleiner Grundfläche ein über vier Geschosse organisierter Baukörper errichtet. Auch die schmale, turmartige Gaube betont gestalterisch die Höhe des Bauwerks – und orientiert sich dabei planerisch an der mächtigen alten Eiche, die das Grundstück nach hinten abschließt. Zudem dient sie dem Bauherrn, einem leidenschaftlichen Kletterer, als Boulderwand. Der Zugang erfolgt ebenerdig über das unbeheizte Lager- und Garagengeschoss, im darüberliegenden, loftartigen Erdgeschoss mit zugeordneter großer Terrasse wird gewohnt, gekocht und gegessen. Schlaf- und zusätzliche Aufenthaltsräume befinden sich auf den beiden Geschossen unter dem Dach.

Inspiration und Improvisation

Wie nun konnte die doch eher großzügig bemessene Wohn- und Nutzfläche von 184 Quadratmetern angesichts des knappen Budgets entstehen? Die Antwort besteht in einer Fülle von Faktoren.

Rechts: Die Ansicht der Gartenseite vermittelt, wie gut das Gebäude das kleine Baufenster ausnutzt.

Zunächst ist die kostensparende Konstruktion aus günstigen Betonfertigteilen zu nennen, die in Form von Stützen, Wänden und Decken eingesetzt wurden. Dank aufwändiger Vorplanung gelang es, die einzelnen Teile so durchdacht aneinanderzufügen, dass der Eindruck von Sichtbetonqualität entsteht. Auch die Treppen sind Betonfertigteile. Der gaubenartige Vorbau ist als leichte, sichtbare Stahlkonstruktion ausgeführt. Auch hier waren die Rohbau- und Ausbaustufe eins. Die Verwendung roher Materialien schließt außerdem die Verkleidung des Eingangsgeschosses mit unbehandelten Schwartenbrettern ein.
Durch die Verwendung von Blechsandwichelementen, wie sie normalerweise aus dem Industriebau bekannt sind, konnten große Fensterfronten günstig hergestellt werden. Die hochgedämmten Elemente mit beidseitiger, ab Werk fertiger Kaschierung, wie sie

Oben: Blick von der Zufahrtsstraße. Unter der vom Hausherr selbst beschafften und überarbeiten Terrassenkonstruktion befindet sich der Hauseingang.

für die Außenwände genutzt wurden, benötigten nach dem Einbau keine Weiterbehandlung. Die Terrassenkonstruktion vor dem Wohngeschoss ist eine ehemalige Maschinenbühne, die der Hausherr in seinem Betrieb entdeckte und vor der Verschrottung rettete. Ergänzt wurde sie durch eine neue Brüstung aus Stahlrohren, die der Bauherr selbst schweißte. Weiterhin nutzte er die aus dem Abbruchhaus geborgenen Natursteine für den Bau von hangabstützenden Mauern. Und auch ansonsten wurde in Zusammenarbeit mit Freunden und Bekannten viel Eigenleistung in das Gelingen des vorbildhaften Low-Budget-Konzepts investiert. Schöner Effekt dabei: So blieb genug übrig, um am Ende eine Fußbodenheizung und eine zentrale Wohnraumlüftung mit Wärmerückgewinnung einzubauen.

Links: Ansicht der rückwärtigen Traufseite. Das als unbeheizter Bereich ausgebildete Erdgeschoss wurde mit günstigen Schwartenbrettern verschalt.

Rechts: Fassadenansicht mit Terrasse

Links: Blick durch das offen strukturierte Obergeschoss zur Terrasse

Rechts: Vom Koch- und Wohnbereich führt die Betontreppe ins erste Dachgeschoss.

Kostensparende Faktoren:

- ganzheitlich kostensparende Planung
- kompakter Baukörper
- relativ geringes Volumen
- Verzicht auf überflüssige Bauteile
- Planung und Ausführung einfacher Details
- Minimierung von teuren Erd- und Betonarbeiten
- Beschränkung der Wohnfläche auf das Notwendige
- raumsparender, gut nutzbarer Grundriss ohne unnötige Verkehrs-/Nebenflächen
- großenteils offener Raumzusammenhang mit wenigen Innenwänden und -türen
- konzentrierte, durchdachte Stauraumlösungen
- konsequente Wahl günstiger, arbeitszeitsparender Konstruktionen und Lösungen
- Anwendung standardisierter Lösungen
- kurze Bauzeiten durch hohen Vorfertigungsgrad (Betonfertigteile)
- Einsatz günstiger Bauprodukte und Materialien
- Verzicht auf teure Oberflächenveredelungen
- Einsatz von günstigen Fertigteilen
- Einsatz von Bauteilen aus Wiederverwendung
- reduzierter Installationsaufwand
- günstiges Heizsystem (Gas-Brennwertherme, Kaminofen, passive Wärmegewinne)
- gewissenhafte Vorbereitung, Steuerung und Kontrolle der Bauabläufe
- sorgfältige Auswahl der Bauunternehmen nach Preis und Kompetenz
- günstige Handwerkerangebote durch Erstellung von Leistungsverzeichnissen
- Einsatz von Eigenleistung

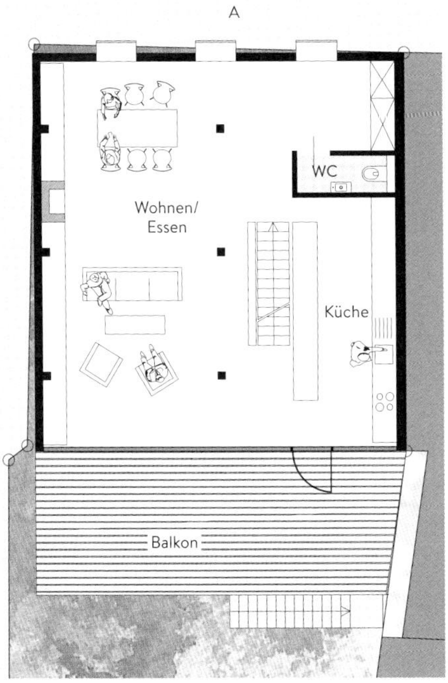

Obergeschoss

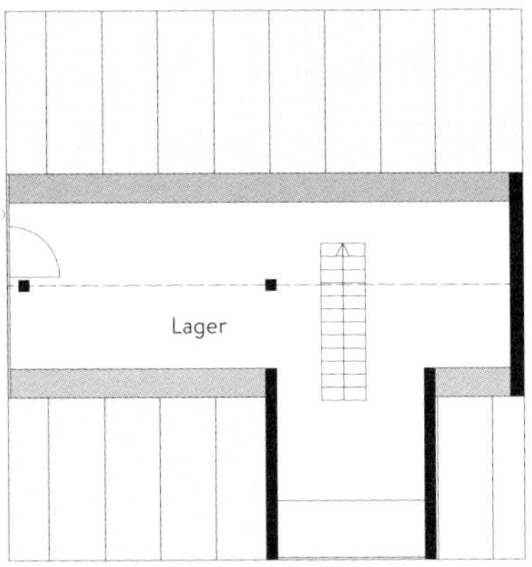

2. Dachgeschoss

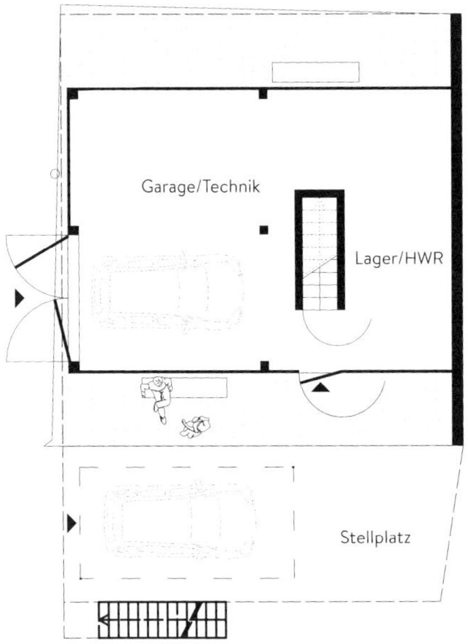

Erdgeschoss

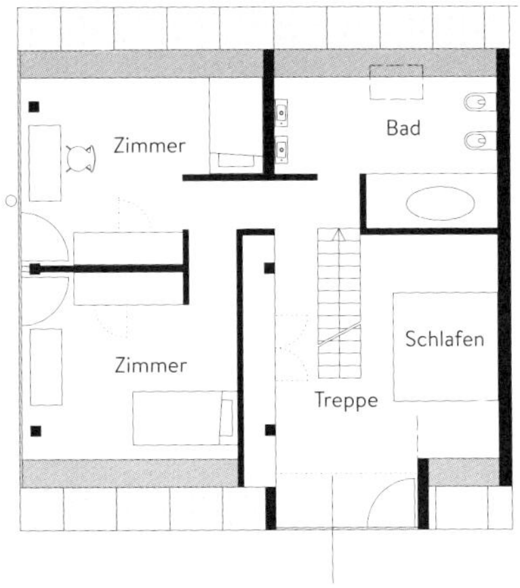

1. Dachgeschoss

Wichtige Baudaten

JAHR DER FERTIGSTELLUNG: 2015

STANDORT: bei Stuttgart

GRUNDSTÜCKSFLÄCHE: 260 m²

WOHN- UND NUTZFLÄCHE: 300 m², davon 160 m² beheizt (zuzüglich 70 m² Terrassen)

RAUMVOLUMEN/BRI: 802 m³

GESAMTKOSTEN BRUTTO: 247 000 Euro

Oben: Ausblick vom Dachgeschoss auf den alten, erhaltenen Eichenbaum

Unten: Elternschlafzimmer mit Treppe zum zweiten Dachgeschoss

DAS WINTERGARTEN-HAUS

ARCHITEKT SIGURD LARSEN, BERLIN

GÜNSTIG NACHHALTIG BAUEN

In einem Ort nahe der dänischen Metropole Kopenhagen wurde ein Wohnbaugebiet mit innovativen Vorgaben ausgewiesen. Das Ziel: Die Errichtung nachhaltiger und gleichzeitig günstiger Wohnhäuser. Die Nachhaltigkeitskriterien bezogen sich sowohl auf die eingesetzten Baumaterialien als auch auf Dämmung, Energieversorgung und Belüftungssysteme. Das hier vorgestellte, von Architekt Sigurd Larsen entworfene Haus galt auf diesem Areal als Prototyp.

Ein Wintergarten als kostenlose Wärmequelle

Als Kernstück des Entwurfs plante Sigurd Larsen für das »Green House«, so der Projektname, einen auf der Südseite liegenden, komplett verglasten Wintergarten. Dieser fungiert als lichtdurchfluteter Aufenthaltsplatz, ist aber vor allem für das gesamte Nachhaltigkeits- und Energiekonzept enorm bedeutsam. Er wirkt – je nach Sonneneinstrahlung und Jahres- oder Tageszeit – gleichermaßen als Wärmepuffer und Wärmequelle. Der kostenfrei gelieferte, passive Wärmegewinn kann, wenn es etwa abends kälter wird, durch geöffnete Verbindungstüren an das übrige Haus abgegeben werden und es so ohne finanziellen Aufwand beheizen. Die offenen Raumstrukturen lassen die Wärme optimal nach oben steigen. Dreifachverglasungen und eine luftdichte Ausführung der Konstruktion sowie die hocheffiziente Dämmung gewährleisten den Erhalt der Wärme im Gebäude auf lange Zeit. Für die nötige Abführung warmer Luft aus dem Wintergarten an heißen Tagen sorgen Dachfenster durch eine natürliche, kostenfreie Ventilation. Zusätzlich wird die warme Luft für den Betrieb einer günstigen Abluft-Wärmepumpe genutzt, eine Fußbodenheizung gewährleistet hohen Wohnkomfort.

Räume größer wirken lassen

Trotz der eher kompakten Abmessungen entsteht beim Aufenthalt im Haus der Eindruck von Weitläufigkeit. Ausschlaggebend hierfür sind die offenen Raumstrukturen mit wenigen Innenwänden, die

Rechts: Der südseitig angebaute Wintergarten, das Kernstück des Wohn- und Energiekonzepts

großzügig bemessenen Deckenhöhen und die Raumhelligkeit, die aus der großflächigen Verglasung im Wintergarten und gut gesetzten Fenstern im Pultdach resultiert. Wohn-, Ess- und Kochbereich sind dem Wintergarten zugeordnet, sonstige Zimmer, Bad und untergeordnete Nutzungen auf der Nordseite konzentriert. Eine Galerieebene über der Küche dient als vielfältig nutzbarer Wohnraum, im Augenblick ist sie als Kino- und Entspannungsbereich konzipiert. Die mit günstigem Birken-Sperrholz verkleideten Wand- und Deckenflächen schaffen eine warme und einladende Atmosphäre. Die Fassadenleisten aus Lärchenholz blieben unbehandelt, vergrauen mit der Zeit und bedürfen keiner weiteren Pflege, was wiederum Kosten im Betrieb spart. Ein Gebäude, das tatsächlich durchdachte Nachhaltigkeit mit geringstmöglichen Kosten bei hoher Wohnqualität verbindet.

Ganz links: Blick vom Wintergarten in den Essbereich. Durch das Öffnen bzw. Schließen der Türen lässt sich das Haus sehr gut temperieren.

Oben: Die Sitzecke wird sowohl über ein Fenster in der Außenfassade als auch über den Wintergarten belichtet.

Unten: Ess- und Kochbereich mit Blick zur Galerieebene, links der geschlossene Durchgang zum Wintergarten

Kostensparende Faktoren:

- ganzheitlich kostensparende Planung
- kompakter Baukörper
- relativ geringes Volumen
- Verzicht auf Keller und überflüssige Bauteile (Anbauten, Gauben etc.)
- Planung und Ausführung einfacher Details
- Minimierung von teuren Erd- und Betonarbeiten
- Beschränkung der Wohnfläche auf das Notwendige
- raumsparender, gut nutzbarer Grundriss ohne unnötige Verkehrs-/Nebenflächen
- großenteils offener Raumzusammenhang mit wenigen Innenwänden und -türen
- konzentrierte, durchdachte Stauraumlösungen
- konsequente Wahl günstiger, arbeitszeitsparender Konstruktionen
- Einsatz günstiger Bauprodukte und Materialien (z. B. Sperrholzplatten für Decken- und Wandoberflächen)
- Verzicht auf teure Oberflächenveredelungen
- raue, wenig bis nicht behandelte Materialien (z. B. unbehandelte Lärchenholzleisten für die Fassade)
- günstiges Heizsystem (hohe passive Wärmegewinne durch den Wintergarten, Abluft-Wärmepumpe)
- gewissenhafte Vorbereitung, Steuerung und Kontrolle der Bauabläufe
- sorgfältige Auswahl der Bauunternehmen nach Preis und Kompetenz

Links: Ansicht des Hauses von Westen mit Hauptgebäude und Wintergarten

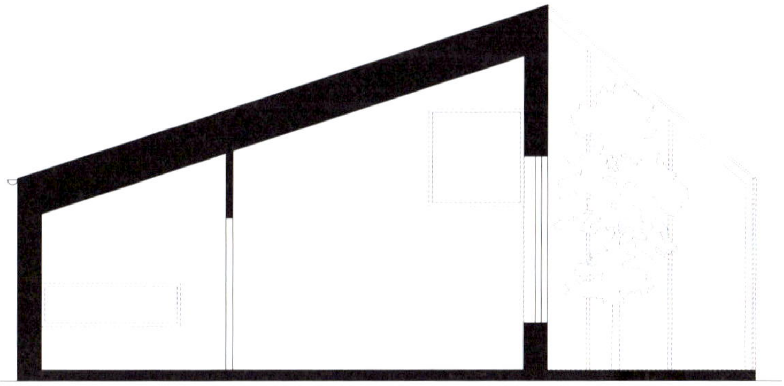

Schnitt

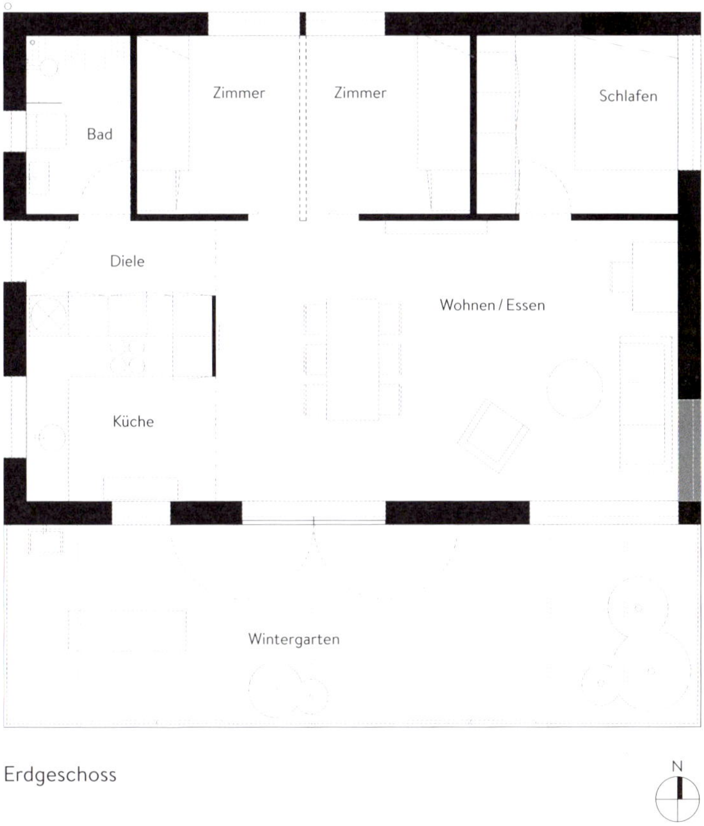

Erdgeschoss

Wichtige Baudaten

JAHR DER FERTIGSTELLUNG: 2017

STANDORT: Frikøbing / bei Kopenhagen (Dänemark)

GRUNDSTÜCKSFLÄCHE: 380 m²

WOHN- UND NUTZFLÄCHE: 114 m² (einschließlich Galerie und Wintergarten)

RAUMVOLUMEN/BRI: 300 m³ (ohne Wintergarten)

HEIZENERGIEBEDARF/JAHR: 24,9 kWh/m²

GESAMTKOSTEN BRUTTO: ca. 250 000 Euro

HAUS DES LICHTS

K2 ARCHITEKTEN, BOVENDEN (NIEDERSACHSEN)

WOHNEN MIT DER SONNE

Dass günstige Häuser zwangsläufig auf jeglichen gestalterischen und Wohnmehrwert verzichten müssen, erweist sich oft als Mär. Ein schönes Beispiel für das Gegenteil ist dieses Einfamilienhaus. Mit seiner gefalteten, zweigeschossigen Glasfassade lässt es nicht nur viel Licht und Wärme von Süden her herein, sondern dank des konstruktiven Kniffs auch von Osten. So ist den ganzen Tag für ein optimales Innenraumerleben gesorgt. Sowohl der Wohn-, Ess- und Kochbereich im Erdgeschoss als auch das Elternschlaf-, Kinder- und Gästezimmer sind direkt nach Süden orientiert. Dies schafft nicht nur ein schönes Wohnerlebnis – der Bauherr wünschte sich freie Sicht auf eine alte Burg –, sondern spart auch Strom für die Beleuchtung ein. Dank der passiven Wärmegewinne durch Sonneneinstrahlung lassen sich so außerdem die Heizkosten reduzieren.

Kreative Lösungen für jedes Detail

Die konstruktionsbedingt ungleichmäßige Dachform führt zu unterschiedlichen Kniestockhöhen im oberen Geschoss. Entsprechend wurden Raumfunktionen und -ausstattungen angepasst. So sah man in den niedrigeren Partien beispielsweise Badewannen vor, in den höheren zusätzliche Spitzbodenbereiche. Fliesen wurden in den Bädern ausschließlich in den Spritzwasserbereichen verlegt, im Eingangsbereich und im Hauswirtschaftsraum entschieden sich die Bauherren für günstige (und leichter zu pflegende) Bodenbeschichtungen. Die Wohnräume schmückt ein Eiche-Zweischichtparkett. Ein beträchtlicher Einspareffekt ergab sich aus den relativ geringen, aber völlig ausreichenden Erdgeschoss-Deckenhöhen von 2,40 Metern.

Den Platz hat man optimal genutzt – beispielsweise durch den Einbau einer Garderobe unterhalb der Treppe und ein »Einbaumöbel« im Dachgeschoss, das aus günstigen, im Trockenbauverfahren eingepassten Schränken entstanden ist. Grundsätzlich sind die Räume allesamt nur so groß wie nötig bemessen. Dank der weitläufigen,

Rechts: Die gefaltete Gartenfassade wirkt nicht nur gestalterisch spannungsvoll, sondern ermöglicht auch den Lichteinfall von Süden und Südosten gleichermaßen.

die Grenzen zwischen drinnen und draußen visuell auflösenden Glasflächen wirken sie dennoch erheblich größer, als sie tatsächlich sind. Dies gilt in verstärktem Maße für das Erdgeschoss, wo die bodentiefen Fenster einen scheinbar nahtlosen Übergang zur Terrasse herstellen.

Oben: Durch die teils nach Süden, teils nach Südosten orientierten Glasflächen ist der Essplatz zu unterschiedlichen Tageszeiten optimal belichtet.

Oben: Ansicht von Süden

Unten: Der Charakter des Gebäudes wandelt sich mit jeder Veränderung des Standpunkts; hier die Straßenansicht mit dem Eingangsbereich.

Oben und unten: Der Koch- und Essbereich bildet den Mittelpunkt des Familienlebens.

Rechts: Blick vom Wohnbereich durch den Flur

Kostensparende Faktoren:

- ganzheitlich kostensparende Planung
- kompakter Baukörper
- relativ geringes Volumen
- Verzicht auf Keller und überflüssige Bauteile (Gauben etc.)
- Planung und Ausführung einfacher Details
- Minimierung von teuren Erd- und Betonarbeiten
- Beschränkung der Wohnfläche auf das Notwendige
- raumsparender, gut nutzbarer Grundriss ohne unnötige Verkehrs-/Nebenflächen
- großenteils offener Raumzusammenhang mit wenigen Innenwänden und -türen (vor allem im EG)
- konzentrierte, durchdachte Stauraumlösungen (z. B. Schrank unter der Treppe)
- konsequente Wahl günstiger, arbeitszeitsparender Konstruktionen und Lösungen (z. B. außen liegende Entwässerung, im Bad nur Spritzwasserbereich gefliest, teils Bodenbeschichtung statt Fliesen, günstige »Einbauschränke«)
- Einsatz günstiger Bauprodukte und Materialien (z. B. Großflächen-Dachziegel, Dachkanten)
- reduzierter Installationsaufwand durch kurze Leitungsführung
- günstiges Heizsystem (Gas-Brennwerttherme mit Solarthermie)
- gewissenhafte Vorbereitung, Steuerung und Kontrolle der Bauabläufe
- sorgfältige Auswahl der Bauunternehmen nach Preis und Kompetenz
- günstige Handwerkerangebote durch Erstellung von Leistungsverzeichnissen

Links und unten: Im Obergeschoss liegen Gästezimmer (oben) und Elternschlafzimmer (unten).

Wichtige Baudaten

JAHR DER FERTIGSTELLUNG: 2015
STANDORT: südliches Niedersachsen
GRUNDSTÜCKSFLÄCHE: 669 m^2
WOHN- UND NUTZFLÄCHE: 156 m^2
RAUMVOLUMEN/BRI: 620 m^3
HEIZENERGIEBEDARF/JAHR: 35,5 kWh/m^2
GESAMTKOSTEN BRUTTO: ca. 266 500 Euro

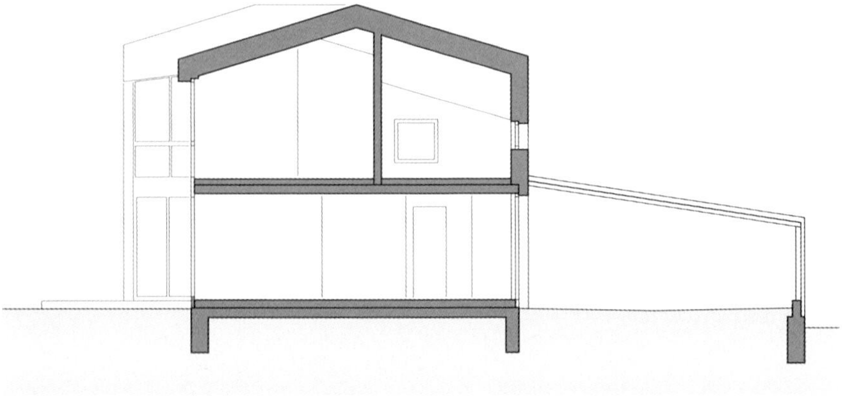

Schnitt

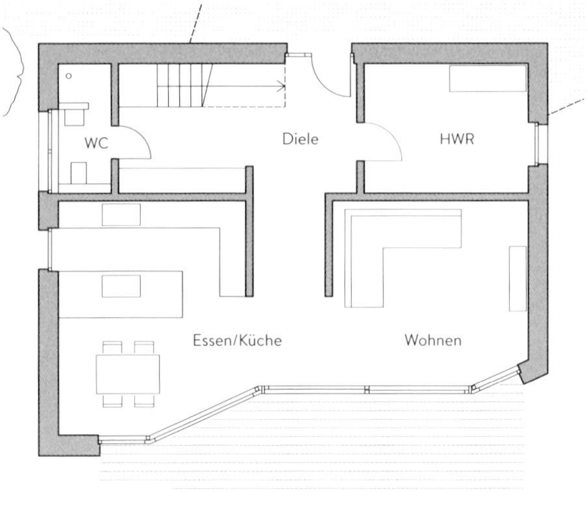

Erdgeschoss

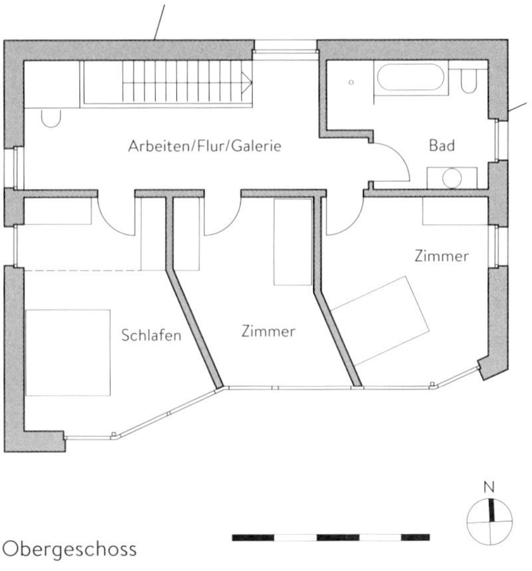

Obergeschoss

HAUS AUS KUBEN

K2 ARCHITEKTEN, BOVENDEN (NIEDERSACHSEN)

MIT DEM GRUNDSTÜCK ARBEITEN

Nicht selten bringt bereits ein schwierig zu bebauendes Grundstück die Finanzierung des Hausbaus ins Wanken. Bei diesem Einfamilienhaus-Projekt im südlichen Niedersachsen verursachte zum einen bereits die Hanglage Probleme, zum anderen das kleine Baufenster, und das trotz des großen Grundstückes. Das mit der Planung beauftragte Team von K2 Architekten geht Herausforderungen aber nur ungern aus dem Weg, sondern löst sie auf bemerkenswert kreative Weise. So auch hier: Um das Baufenster bestmöglich auszunutzen und Erd- und Betonarbeiten zu minimieren, ersann man eine Struktur aus drei versetzt zueinander platzierten Kuben. So konnte das Gebäude optimal an den Geländeverlauf angepasst werden.

Verzicht ohne Verlust an Wohnwert

Die Bauherren wünschten sich neben zwei Kinderzimmern, einem Büro und einem Raum für Gäste auch einen großen Essplatz, einen Kamin und überhaupt das Gefühl räumlicher Großzügigkeit. Ein optimales Freilufterlebnis sollte durch unterschiedlich ausgerichtete Terrassen noch verstärkt werden. All dies konnte trotz des begrenzten Budgets umgesetzt werden, ohne Grundlegendes auszuschließen. Stattdessen sparte man dort, wo es ohne wirklichen Verzicht möglich war. So sind die Holzbalkendecken des Obergeschosses nicht verschalt und abgehängt, was zum einen Kosten verringert, gleichzeitig aber auch niedrigere Deckenhöhen erlaubt. Das Bad wurde nur so groß wie unbedingt nötig geplant, gefliest wurden ausschließlich die Spritzwasserbereiche. Beim Heizungssystem entschied man sich für eine günstige Gas-Brennwerttherme mit Solarthermie-Unterstützung. Immens bedeutsam für die Einhaltung des Kostenziels war der Einsatz einer Aufdachdämmung mit hoher Wärmeleitzahl in Verbindung mit Folien-Pultdach und Regenrinne. Dies wiederum schloss teure Attikakonstruktionen bzw. innen liegende Entwässerungssysteme aus. Schöner Effekt: Die Dachkonstruktion wirkt elegant und filigran.

Rechts: Die Ansicht von Südwesten zeigt, dass das Gebäude aus Kuben unterschiedlicher Höhe und Abmessungen zusammengesetzt ist. Die gewählte Dachkonstruktion und -dämmung unterstreichen das elegante Erscheinungsbild.

Links: Von Südosten auf das Haus blickend wird die in den Hang eingebettete Lage der Teilbaukörper deutlich.

Dynamisch und großzügig

Wie gewünscht, erzielt insbesondere das Erdgeschoss eine großzügige, fast loftartige Wirkung. Zu verdanken ist dies der überwiegend offenen Struktur und dem sich so dynamisch aufweitenden Raum. Der Kamin in Betonoptik bildet den Blickfang im Wohn-, Ess- und Kochbereich. Gleichzeitig wurde aber auch an die optimale Ausnutzung des Platzes durch Stauraum gedacht, so etwa unterhalb der Treppe. Im Obergeschoss befinden sich außer dem Bad das Elternschlaf-, die beiden Kinder- und ein Gästezimmer. Alle sind platzsparend angeordnet, sodass nur wenig Raum für reine Erschließung verlorengeht. Das auf dieser Ebene durchlaufende Fensterband weitet die nicht sehr großen Zimmer optisch auf. Ein echtes Wohlfühlhaus zum Low-Budget-Preis.

Oben und unten: Kochen, Essen und Wohnen sind im Erdgeschoss zu einem durchgängigen Bereich vereint.

Oben: Der Platz wurde optimal ausgenutzt, hier für Stauraum unterhalb der Treppe zum Obergeschoss.

Unten: Blick vom Flur im Obergeschoss zum Badezimmer. Die offen gehaltene Dachkonstruktion ermöglichte es, günstiger zu bauen und mit geringeren Deckenhöhen zu planen.

Links: Helles Badezimmer mit Ausblick nach Süden

Kostensparende Faktoren:

- ganzheitlich kostensparende Planung
- kompakter Baukörper
- relativ geringes Volumen
- Verzicht auf Keller und überflüssige Bauteile (Gauben etc.)
- Planung und Ausführung einfacher Details
- Minimierung von teuren Erd- und Betonarbeiten (z. B. Anpassung der Bodenplatte an Grundstück)
- Beschränkung der Wohnfläche auf das Notwendige (z. B. kleine Bäder)
- raumsparender, gut nutzbarer Grundriss ohne unnötige Verkehrs-/Nebenflächen
- großenteils offener Raumzusammenhang mit wenigen Innenwänden und -türen (vor allem im EG)
- konzentrierte, durchdachte Stauraumlösungen (z. B. Schrank unter der Treppe)
- konsequente Wahl günstiger, arbeitszeitsparender Konstruktionen und Lösungen (z. B. offene Holzbalkendecke im DG, im Bad nur Spritzwasserbereich gefliest, Folien-Pultdächer mit Regenrinnen)
- reduzierter Installationsaufwand durch kurze Leitungsführung
- günstiges Heizsystem (Gas-Brennwerttherme mit Solarthermie)
- gewissenhafte Vorbereitung, Steuerung und Kontrolle der Bauabläufe
- sorgfältige Auswahl der Bauunternehmen nach Preis und Kompetenz
- günstige Handwerkerangebote durch Erstellung von Leistungsverzeichnissen

Oben: Hochwertig gestaltetes Elternschlafzimmer im Obergeschoss

Unten: Das Zimmer des Sohns gewinnt durch das Hochbett zusätzlichen Aufenthaltsraum.

Wichtige Baudaten

JAHR DER FERTIGSTELLUNG: 2017
STANDORT: südliches Niedersachsen
GRUNDSTÜCKSFLÄCHE: 1014 m^2
WOHN- UND NUTZFLÄCHE: 165 m^2
RAUMVOLUMEN/BRI: 718 m^3
HEIZENERGIEBEDARF/JAHR: 39,1 kWh/m^2
GESAMTKOSTEN BRUTTO: ca. 292 500 Euro

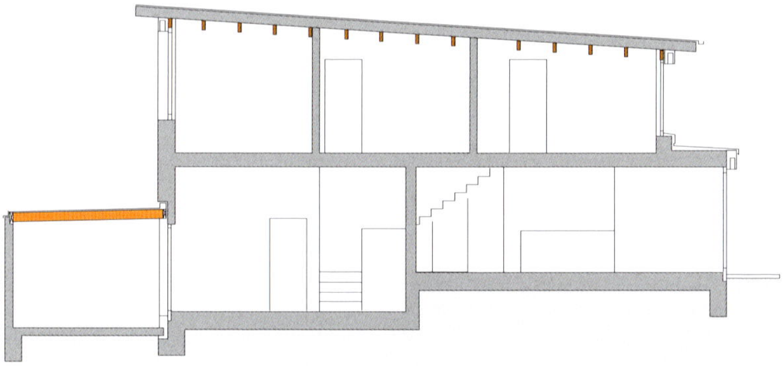

Schnitt

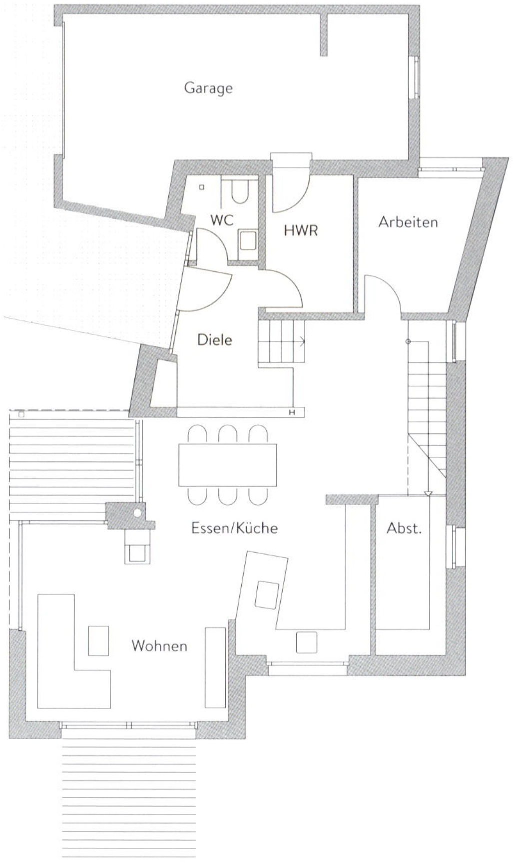

Erdgeschoss

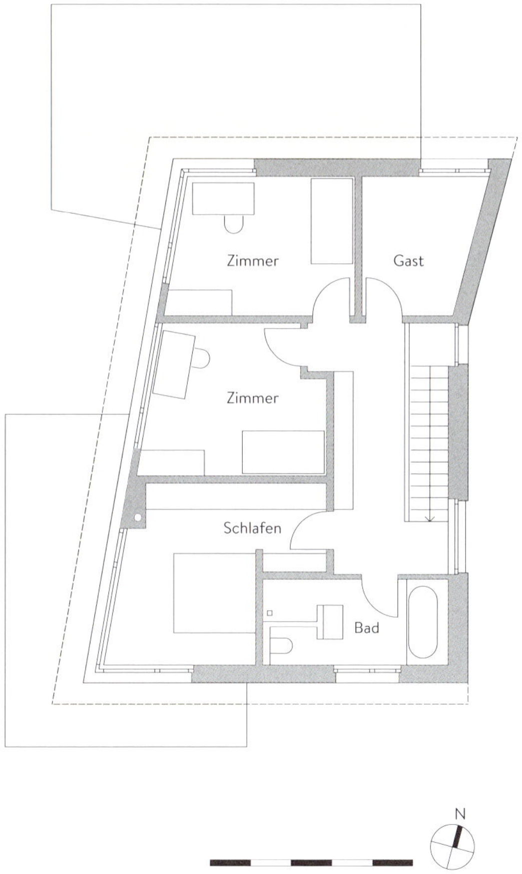

Obergeschoss

MUT ZUR LÜCKE

DAUBER ARCHITEKTEN, UNNA (NORDRHEIN-WESTFALEN)

SCHLICHT-PERFEKTES HAUS AUF SCHWIERIGEM GRUNDSTÜCK

Sogenannte Restgrundstücke fristen oft ein Schattendasein und finden teils über Jahre keinen Käufer, weil kein Planer etwas mit ihnen anzufangen weiß. Gleich, ob dies an ihrer Größe, ihrem Zuschnitt, dem kleinräumigen Umfeld oder an mehreren dieser Faktoren liegt, lohnt sich meist doch ein zweiter Blick. Denn in vielen Fällen sind diese »Problemparzellen« recht günstig zu haben, sodass den Bauherren deutlich mehr Geld für den Bau des Hauses verbleibt.

Klein und eng, aber optimal genutzt

Der Architekt Thomas Dauber sah sich bei der Planung des hier vorgestellten Einfamilienhauses mit mehreren Schwierigkeiten konfrontiert: Die Parzelle war mit ihren 302 Quadratmetern sehr klein, zudem ungleichmäßig schmal-länglich geschnitten und von recht hohen Häusern fast schon eingeschnürt. Der Grundstücksform und der vorherrschenden Orientierung folgend, wurde das Satteldachhaus giebelständig ausgerichtet und so nah wie möglich an die Straße gerückt, um den nutzbaren Gartenraum zu maximieren. Zu beiden Traufseiten errichtete Nebengebäude, Fahrradschuppen und Carport dienen als Sicht- und Lärmschutz, der um den Garten und die Terrasse von der Straße abzutrennen und damit Privatsphäre zu schaffen. Hierzu erwirkte der Architekt die Genehmigung, bis zur Grundstücksgrenze zu bauen.

Klar, schlicht, sparsam

Auf die gestalterisch sehr heterogene Nachbarschaft antwortet der Entwurf mit einem schlichten Gebäude, das sich durch eine klare Formensprache und Kompaktheit auszeichnet – Faktoren, die auch die Kosten positiv beeinflussten. Auf einen Keller wurde komplett verzichtet und die gewählte Holzrahmenbauweise ermöglichte zusammen mit der genauen Planung der Maßnahmen eine

Rechts: Straßenansicht mit dem Hauseingang. Zum öffentlichen Raum hin wurde der Platz optimal ausgenutzt, um Gartenfläche zu gewinnen. Die Rhombusleisten der Fassade sind aus vorbehandelter Weißtanne, einige Flächen sind mit bordeaux-roten Mehrschichtplatten abgesetzt.

4

Links: Blick von der Gartenseite. Der vor das Gebäude gesetzte einfache Stahlbalkon, der einen Gitterrost als Bodenbelag besitzt, ist zusätzlicher Aufenthaltsraum im Freien und zugleich konstruktiver Sonnenschutz für das Erdgeschoss.

kurze Bauzeit, was wiederum die finanziellen Verpflichtungen reduzierte. Das Konzept ließ zudem ausreichend Raum für die Einbringung von Eigenleistung, die die Bauherren vor allem in Gestalt von Anstrich- und Gartenarbeiten erbrachten. Damit konnte ein hoher vierstelliger Betrag eingespart werden. Die Fassade aus vorbehandeltem Weißtannenholz bedarf keiner weiteren Pflege, was beträchtlichen Aufwand im laufenden Betrieb spart. Aufgrund des kostensparenden Konzepts blieb sogar noch Geld für den Einbau einer Erdwärmepumpe übrig, die den Bauherren sehr wichtig war.

Perfekter Familiengrundriss

Die insgesamt doch beträchtlichen 133 Quadratmeter Wohnfläche sind durch die optimale Gestaltung des Grundrisses bestens ausgenutzt. Im Erdgeschoss, das von einem großen Wohn- und Essbereich geprägt ist und keineswegs nach einem Low-Budget-Haus aussieht, wurde geschickt Stauraum unterhalb der Treppe geschaffen. Eine 20 Quadratmeter große, nach Südosten ausgerichtete Terrasse stellt die perfekte Erweiterung des Wohnraums nach draußen dar. Zudem ist vieles multifunktional konzipiert – beispielsweise kann der Hauswirtschaftsraum im Obergeschoss, das ansonsten Kinder-, Elternschlafzimmer und Bad umfasst, gegebenenfalls auch als zweites Kinderzimmer genutzt werden.

Oben: Blick über den Essbereich zur Küche, die mittels Schiebetüren separiert werden kann.

Unten: Treppe und Flure sind platzeffizient angelegt und gleichzeitig optimal belichtet. Wegen der Nähe zur Nachbarschaft und dem damit verbundenen Wunsch nach Sichtschutz wurde hier für die Festverglasung satiniertes Glas gewählt.

Links: Elternschlafzimmer

Rechts: Badezimmer mit Toilette. Durch die geschickte Anordnung der Installationswand kommt man hier mit einem Abwasseranschluss für alle Sanitärobjekte aus, an den auch das Gäste-WC im Erdgeschoss angeschlossen ist. Hinter dem Spiegel verbirgt sich der in eine Nische eingelassene Schrank.

Kostensparende Faktoren:

- ganzheitlich kostensparende Planung
- kompakter Baukörper
- relativ geringes Volumen
- Verzicht auf Keller und überflüssige Bauteile (Anbauten, Gauben etc.)
- Verzicht auf eine Garage
- Planung und Ausführung einfacher Details
- Minimierung von teuren Erd- und Betonarbeiten
- Beschränkung der Wohnfläche auf das Notwendige
- raumsparender, gut nutzbarer Grundriss ohne unnötige Verkehrs- / Nebenflächen
- teils offener Raumzusammenhang mit wenigen Innenwänden und -türen
- konzentrierte, durchdachte Stauraumlösungen
- konsequente Wahl günstiger, arbeitszeitsparender Konstruktionen und Lösungen
- Anwendung standardisierter Lösungen
- kurze Bauzeiten durch hohen Vorfertigungsgrad
- Einsatz günstiger Bauprodukte und Materialien
- reduzierter Installationsaufwand (vor allem bei Stromleitungen)
- gewissenhafte Vorbereitung, Steuerung und Kontrolle der Bauabläufe
- sorgfältige Auswahl der Bauunternehmen nach Preis und Kompetenz
- günstige Handwerkerangebote durch Erstellung von Leistungsverzeichnissen
- Einsatz von Eigenleistung

Wichtige Baudaten

JAHR DER FERTIGSTELLUNG: 2019

STANDORT: Unna (Nordrhein-Westfalen)

GRUNDSTÜCKSFLÄCHE: 302 m²

WOHNFLÄCHE: 133 m² (zuzüglich 24 m² Nutzfläche und 20 m² Terrasse)

RAUMVOLUMEN / BRI: 590 m³

HEIZENERGIEBEDARF / JAHR: 24 kWh/m²

GESAMTKOSTEN BRUTTO: 306 000 Euro

Erdgeschoss

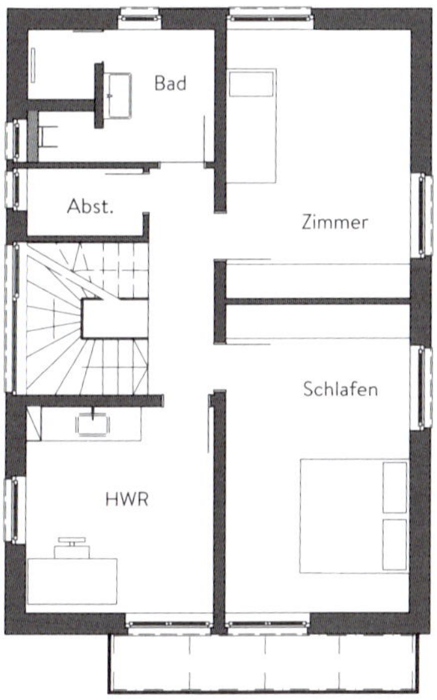

Obergeschoss

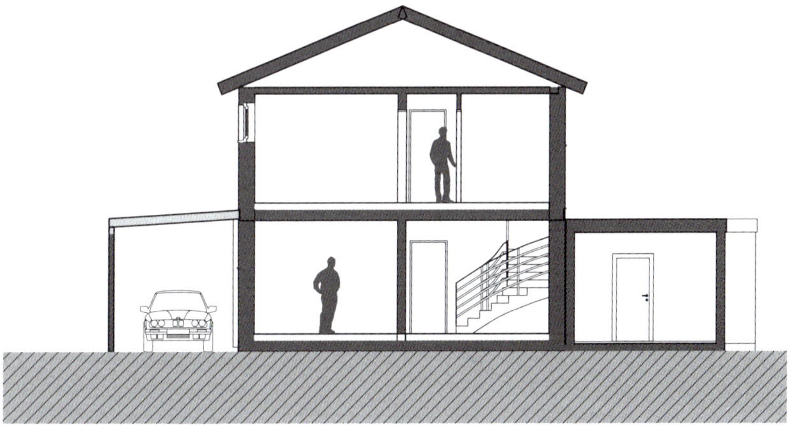

Schnitt

WUNDERBARER WINKELBUNGALOW

ARCHITEKT MARKUS NIEDERMEIER, DEGGENDORF (BAYERN)

WOHNEN AUF EINER EBENE IN AUSSERGEWÖHNLICHER VARIATION

Dass auch bei knappem Budget ein hoher Wohnwert erreicht werden kann, belegt dieser kreativ variierte De-facto-Bungalow aufs Beste. Kernidee des Architekten war, einen ebenerdigen Zugang von der Anliegerstraße mit einem schönen Ausblick auf Wiesen und Felder zu verbinden. Das Ganze natürlich bei optimaler Belichtung. Auch angesichts der Vorgaben im Bebauungsplan – das Erdgeschoss durfte höchstens 30 Zentimeter über Straßenniveau errichtet werden – bestand die Lösung darin, einen flächenmäßig sehr kompakten Eingangsbau mit Garderobe, Büro und Heizungsraum aus glattem Sichtbeton zu planen. Das Wohngeschoss sollte in Holzbauweise aufgeständert werden. Hierdurch konnten auch die teuren Erd- und Betonarbeiten minimiert werden. Durch die Aufständerung entstanden zusätzlich zwei überdachte Stellplätze.

Zeitgemäß wohnen für wenig Geld

Mit deutlich über 100 Quadratmetern Wohnfläche bietet das Obergeschoss ein außergewöhnlich schönes Wohngefühl, was durch die geschickt gesetzten Sichtachsen und Durchblicke noch unterstrichen wird. Die mittels großer, meist bodentiefer Holzfenster geschaffenen Innen-Außen-Bezüge verstärken dies zusätzlich. Der zwischen den Gebäudeflügeln entstandene Innenhof wurde für die Anlage einer 50 Quadratmeter großen Terrasse genutzt, sodass der Wohnraum in den Garten verlängert wird.

Das Volumen bleibt ungeachtet der bungalowartigen Qualität des Obergeschosses insgesamt kompakt und somit günstig. Die rau wirkende Brettstapeldecke im Wohngeschoss wurde nicht weiter durch Putz, Anstriche oder Gipsfaserplatten behandelt. Damit harmonieren die günstigen, für die Wandoberflächen eingesetzten Fichte-Dreischichtplatten. Eingangs- und Wohngeschoss werden durch eine Beton-Fertigteiltreppe verbunden. Außen blieben die

Rechts: Die nördliche Eingangsseite. Unter dem aufgeständerten, auskragenden Obergeschoss finden auch zwei Autos Platz.

sägerau belassenen Fassadenbretter unbehandelt und dürfen mit der Zeit natürlich vergrauen. Zum Erreichen des Sparziels trugen aber ebenso die ganzheitlich darauf ausgerichtete Planung und die Wahl günstiger Haustechnik bei. So entschied man sich für den Einbau einer Gas-Brennwerttherme mit Solarthermie-Unterstützung. Kostspielige elektronische Steuerungssysteme finden sich hier nicht. Die akkurate Vorarbeit des Architekten, der auch für die Ausschreibung der Arbeiten verantwortlich war, ermöglichte die Beauftragung von ebenso günstigen wie kompetenten Handwerksbetrieben. Dass die Bauherren in begrenztem Umfang Eigenleistung bei einfachen Arbeiten und Baubetreuung einbringen konnten, wirkte sich zusätzlich positiv auf das preisliche Endergebnis aus.
Dank streng kostensparender Planung war der Einbau eines großen Schiebefensters im Bereich des offenen Wohnraums obendrein möglich. Die beiden Flügel des Winkelbaus sind funktional untergliedert, um die Lebensbereiche Schlafen und Wohnen zu separieren. Dazwischen befinden sich Bad, Toilette, Speisekammer, Treppen- und Erschließungsraum. Insgesamt betrachtet ist also alles da, was ein hochwertiges Einfamilienhaus braucht.

Links: Die südwestliche Ansicht von der Gartenseite zeigt die Winkelform des Hauses. Im Atriumbereich entstand eine große Sonnenterrasse.

Oben: Blick von Nordwesten

Unten: Ansicht von Nordosten

Kostensparende Faktoren:

- ganzheitlich kostensparende Planung
- kompakter Baukörper
- relativ geringes Volumen
- Verzicht auf Keller und überflüssige Bauteile (Anbauten, Gauben etc.)
- Verzicht auf eine Garage
- Planung und Ausführung einfacher Details
- Minimierung von teuren Erd- und Betonarbeiten durch Aufständerung des Obergeschosses
- Beschränkung der Wohnfläche auf das Notwendige
- raumsparender, gut nutzbarer Grundriss ohne unnötige Verkehrs-/Nebenflächen
- teils offener Raumzusammenhang mit wenigen Innenwänden und -türen
- konzentrierte, durchdachte Stauraumlösungen
- konsequente Wahl günstiger, arbeitszeitsparender Konstruktionen und Lösungen
- Anwendung standardisierter Lösungen
- kurze Bauzeiten durch hohen Vorfertigungsgrad (Holzrahmenbau)
- Einsatz günstiger Bauprodukte und Materialien (z. B. Beton-Fertigteiltreppe)
- Verzicht auf teure Oberflächenveredelungen; raue, wenig bis nicht behandelte Materialien (unbehandelte Brettstapeldecke über OG, sägeraue Schalung an Wänden und Untersichten)
- reduzierter Installationsaufwand
- günstiges Heizsystem (Gas-Brennwerttherme mit Solaranlage)
- gewissenhafte Vorbereitung, Steuerung und Kontrolle der Bauabläufe
- sorgfältige Auswahl der Bauunternehmen nach Preis und Kompetenz
- günstige Handwerkerangebote durch Erstellung von Leistungsverzeichnissen
- Einsatz von Eigenleistung
- Mitwirkung der Bauherren bei Leistungsphase 8 HOAI (Bauüberwachung)

Links: Blick von der Küche durch den Ess- und Wohnbereich; hinten das große Sitzfenster mit integrierter Bank

Oben: Totale Durchgängigkeit: Wohnen, Essen und Kochen gehen offen ineinander über.

Unten: Große, bodentiefe Verglasungen lassen die Grenzen zwischen Innen- und Außenraum, hier zur Terrasse, nahezu verschwinden.

Oben: Geschützter, farblich abgesetzter Eingangsbereich

Unten links: Blick von der Terrasse in den Wohnraum

Unten rechts: Die Sichtbetontreppe ins Obergeschoss

Wichtige Baudaten

JAHR DER FERTIGSTELLUNG: 2018

STANDORT: bei Deggendorf (Bayern)

GRUNDSTÜCKSGRÖSSE: 613 m^2

WOHNFLÄCHE: ca. 138 m^2 (zuzüglich 14 m^2 Geräteraum und 50 m^2 Terrassen)

RAUMVOLUMEN/BRI: 670 m^3 (ohne Geräteraum)

HEIZENERGIEBEDARF/JAHR: ca. 67 kWh/m^2

GESAMTKOSTEN BRUTTO: 312 000 Euro

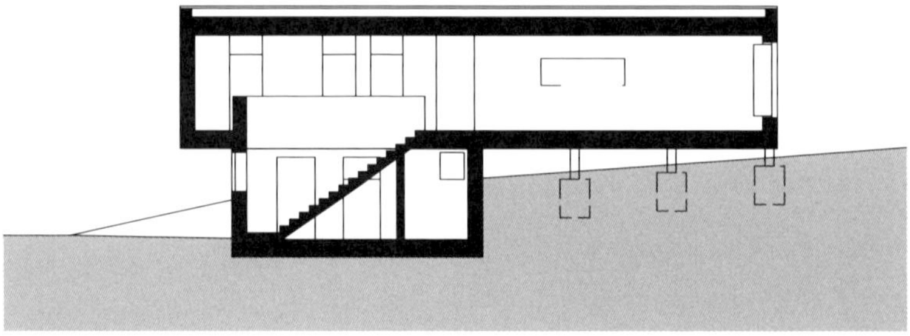

Schnitt

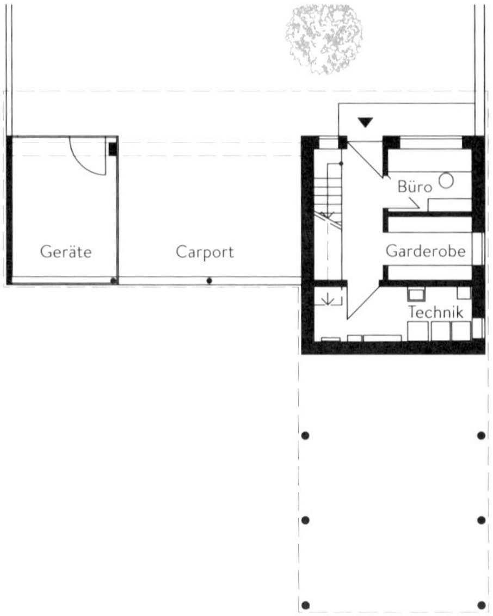

Erdgeschoss

Obergeschoss

ARCHITEKTURKUNST IN KOMPAKTER VARIANTE

ARCHITEKT JOHANNES HILLER, AUGSBURG (BAYERN)

EINFAMILIENHAUS MIT OPTIMALER PLATZAUSNUTZUNG

Angesichts der Knappheit an neu ausgewiesenen Baugrundstücken steht die Suche nach Alternativen immer mehr im Vordergrund. Der Augsburger Architekt Johannes Hiller und seine Frau Stefanie fanden ihre Familien-Wunschparzelle in einer Siedlung bestehend aus Einfamilien- und Doppelhäusern der 1950er- bis 1970er-Jahre. Da das Grundstück geteilt worden war, konnte man die hintere Gartenhälfte mit einer Größe von 423 m^2 erwerben. Die geringe Fläche ließ die Erwerbskosten als vertretbare Investition erscheinen, und es blieb so ausreichend Budget für den Hausbau.

Mit dem Grund geschickt haushalten

Gerade kleine und schwierig geschnittene Bauparzellen benötigen einen findigen Architekten, um die baurechtlichen Rahmenbedingungen optimal auszunutzen. Dies galt insbesondere für die nach der Bauordnung geforderten Abstände zu den Nachbarparzellen, die optimal ausgenutzt wurden. Das Gebäude wurde weitest möglich nach Norden gerückt, um so auf der Südseite einen schönen Terrassenbereich und einen großen, sonnigen Garten zu gewährleisten. Gleichzeitig blieb auf diese Weise der Abstand zum Vorderhaus erhalten. Der Zufahrtsweg zu Haus und Garage ist so schmal wie möglich bemessen worden.

Große Wirkung bei kleiner Fläche

Ungeachtet der begrenzten Grundfläche sollte ein Haus mit großzügigem und hochwertigem Inneren entstehen. Dazu dienten verschiedene architektonische Kunstgriffe, um visuelle Weite zu schaffen, wo eigentlich keine ist. Dazu zählt die Planung eines größtenteils offenen Wohn-, Ess- und Kochbereichs im Erdgeschoss, wobei letzterer durch eine fein detaillierte, durchbrochene und teilverglaste Abtrennung separiert ist. Bei Bedarf, etwa bei starker Geruchsent-

Rechts: Ansicht von der Gartenseite, links die Einfahrt, die am Vorderhaus vorbeiführt

wicklung, kann die Küche sogar durch eine Tür ganz vom übrigen Raum abgetrennt werden. Wird sie nicht gebraucht, verschwindet sie elegant und flächenbündig in der Seitenwand, deren Oberflächen wie die Küchenfronten ebenfalls in Eiche gearbeitet sind – ein geradezu geniales Element, wie es nur in einem Architektenhaus zu finden ist. Größenwirkung entsteht auch aus den sehr gut gesetzten Sichtachsen und Ausblicken, insbesondere durch die südseitige, den Raum entgrenzende Panoramascheibe. Auf der zweiten Wohnebene verhindert der in die Räume einbezogene Dachspitz das Gefühl von Beengung.

Unten: Genialer Kniff: Über der Sitzecke wurde ein hängendes Bücherregal eingepasst, das viel Stauraum schafft, ohne den Bewegungsraum zu schmälern.

Architektur mit rauem Unterton

Das im Erdgeschoss massiv gebaute Haus mit gedämmten Ziegel-Außenwänden und Betondecken zeichnet sich bei höchstem architektonischen Anspruch durch den Mut zu wirklichem Purismus aus. Die Baufirma schickte einen Handwerker, der die Oberflächen in rauer Version statt in der üblichen und aufwändigen Sichtbetonqualität herstellte. Auch damit sparte man an Kosten. Um trotz des geringen Aufwands eine möglichst attraktive Oberflächenwirkung zu erzielen, wurden für die Decke des Wohn-, Ess- und Kochbereichs neue Schaltafeln eingesetzt, die keine Verunreinigungen und Verfärbungen verursachen. Dank der so erreichten Kosteneinsparung konnte man sich einen geglätteten Estrich leisten! Die kostengünstige, kompakte Luft-Wärmepumpe birgt den zusätzlichen Vorteil, dass hierfür kein Heizkamin benötigt wird. Weitere Spareffekte brachte der Einsatz von Eigenleistung – nicht nur in Sachen Planung, sondern auch bei der Dämmung der Außenwände, der Montage der Holzleistenfassade, dem Ausbau des Dachbereichs und Anstricharbeiten. Insgesamt ist dieses Haus die perfekte Blaupause für sparsames und hochwertiges Bauen in städtischen Verdichtungsräumen.

Links: Blick durch das Erdgeschoss; hinten der betonierte Ofenblock, rechts davon der Eingangsbereich und die Treppe zum Obergeschoss

Rechts: Küchenzeile mit Ausblick in den Garten

Kostensparende Faktoren:

- ganzheitlich kostensparende Planung
- kompakter Baukörper
- relativ geringes Volumen
- Verzicht auf Keller und überflüssige Bauteile (Gauben etc.)
- Beschränkung der Wohnfläche auf das Notwendige
- raumsparender, gut nutzbarer Grundriss ohne unnötige Verkehrs-/Nebenflächen
- großenteils offener Raumzusammenhang mit wenigen Innenwänden und -türen
- konzentrierte, durchdachte Stauraumlösungen
- raue, wenig bis nicht behandelte Materialien (z. B. Ortbeton ohne Sichtbetonqualität)
- Einsatz von günstigen Fertigteilen (z. B. Beton-Fertigteiltreppe)
- reduzierter Installationsaufwand
- günstiges Heizsystem (Luft-Wärmepumpe)
- gewissenhafte Vorbereitung, Steuerung und Kontrolle der Bauabläufe
- sorgfältige Auswahl der Bauunternehmen nach Preis und Kompetenz
- günstige Handwerkerangebote durch Erstellung von Leistungsverzeichnissen
- Einsatz von Eigenleistung bei Planung und Bauausführung

Links: Die Küche ist Teil des Raumzusammenhangs, kann aber auch komplett geschlossen werden.

Rechts: Das Badezimmer profitiert von den Raumhöhen im Dachgeschoss.

Unten links: Wanne und Dusche sind nischenartig eingebaut.

Unten rechts: Blick von der Ankleide zum Elternschlafzimmer

Oben: Ansicht von Südosten mit unter das Dachgeschoss eingezogenem Loggiabereich

Unten: Die Nordostansicht zeigt sehr gut, wie hervorragend das Grundstück ausgenutzt wurde.

Wichtige Baudaten

JAHR DER FERTIGSTELLUNG: 2018

STANDORT: Augsburg (Bayern)

GRUNDSTÜCKSFLÄCHE: 423 m^2

WOHNFLÄCHE UND NUTZFLÄCHE: 169 m^2

RAUMVOLUMEN/BRI: 778 m^3

HEIZENERGIEBEDARF/JAHR: 56 kWh/m^2

GESAMTKOSTEN BRUTTO: ca. 323 000 Euro (inklusive aller Einbauten; inklusive ca. 35 000 Euro Ansatz für ein Architektenhonorar)

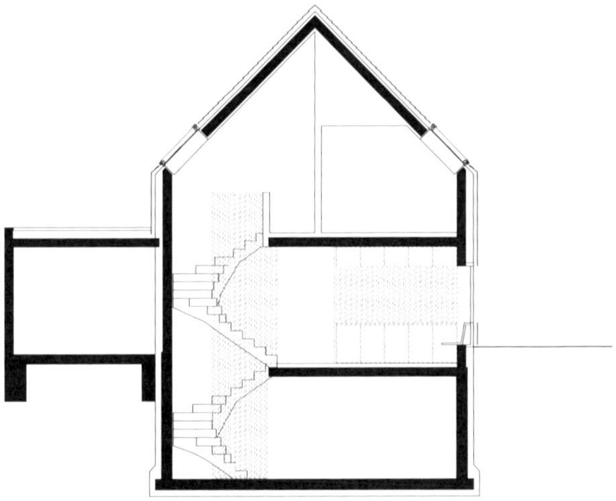

Schnitt

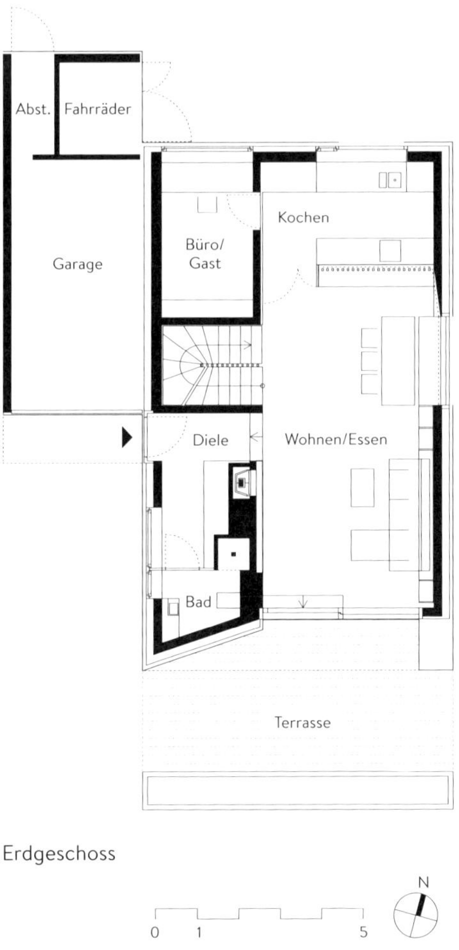

Erdgeschoss

Dachgeschoss

SELBSTVERSUCH IN ECHTEM PURISMUS

ARCHITEKT CHRISTIAN WEINMANN,
MAXHÜTTE (BAYERN)

MIT EINFACHEN MATERIALIEN UND KLAREM GESTUS

Den Mantel des Purismus hängt sich so manches Haus um, das im Grunde mit Geld nicht wirklich haushält und sich auch nicht groß um die Reinheit der Materialien schert. Insofern sollte man das Wohnhaus des Oberpfälzer Architekt Christian Weinmann vielleicht auch eher als pur und echt bezeichnen. Denn hier geht es nicht um schicke Repräsentativität, sondern darum, die Möglichkeiten einfacher Konzepte, Konstruktionen und Materialien auszuloten. Dabei durfte der wohnliche Aspekt aber keineswegs auf der Strecke bleiben. Schließlich wollte Weinmanns Familie hier ein Zuhause finden.

Außen brachial, innen familiär

Tatsächlich erstaunt angesichts des sehr gut gemachten, aber beinahe neo-brutalistischen Äußeren der loftartige, hochwertige Innenraumeindruck. Das Tragwerk wurde im Bereich des Erdgeschosses aus Ortbeton hergestellt, der zwar sichtbar gehalten, aber bewusst nicht in aufwändiger Sichtqualität hergestellt ist. Durch den so deutlich verringerten Aufwand ließen sich Kosten in beträchtlicher Höhe einsparen. Große Partien des Erdgeschosses wurden mit glatten Fichtenbrettern verschalt. Das Obergeschoss ist als leichte Holzständerkonstruktion erstellt. Zumeist aus dem Industriebau bekannte doppelschalige Polycarbonatplatten bilden die hangseitige Giebelfassade, Wellblech fungiert als einheitliches Dachdeckungs- und Fassadenmaterial. Dabei lehnt sich die Architektur durchaus an die Phänotypen der regionalen Oberpfälzer Bautradition an, etwa hinsichtlich der flachen Dachneigung und der geringen Dachüberstände.

Rechts: Blick von Süden auf die Gartenfassade. Im vorderen Bereich des Erdgeschosses befindet sich der überdachte Freisitz.

Oben: Der Essbereich mit Blick auf die rückwärtige Seite des Kaminblocks, rechts die Küchenzeile

Unten: Flexibler Wohnbereich mit Schrankwand

Rechts oben: Geschickt geschaffener Stauraum: Essbereich mit komplett eingebauter Schrankwand und Durchblick zum Elternschlafzimmer

Kostensparende Faktoren:

- ganzheitlich kostensparende Planung
- kompakter Baukörper
- Verzicht auf Keller und überflüssige Bauteile (Anbauten, Gauben etc.)
- Planung und Ausführung einfacher Details
- Minimierung von teuren Erd- und Betonarbeiten
- Beschränkung der Wohnfläche auf das Notwendige
- raumsparender, gut nutzbarer Grundriss ohne unnötige Verkehrs-/Nebenflächen
- großenteils offener Raumzusammenhang mit wenigen Innenwänden und -türen
- konzentrierte, durchdachte Stauraumlösungen
- konsequente Wahl günstiger, arbeitszeitsparender Konstruktionen und Lösungen
- Anwendung standardisierter Lösungen
- Einsatz günstiger Bauprodukte und Materialien
- Verzicht auf teure Oberflächenveredelungen
- raue, wenig bis nicht behandelte Materialien (z. B. Ortbeton ohne Sichtbeton-Klassifizierung)
- reduzierter Installationsaufwand
- gewissenhafte Vorbereitung, Steuerung und Kontrolle der Bauabläufe
- sorgfältige Auswahl der Bauunternehmen nach Preis und Kompetenz
- günstige Handwerkerangebote durch Erstellung von Leistungsverzeichnissen
- Einsatz von Eigenleistung

Oben: Der Kaminblock aus Beton wirkt als Raumteiler zwischen Wohnen und Essen.

Unten: Dank der transluzenten Fassade aus Polycarbonatplatten ist das Badezimmer bestens belichtet und doch vor Einblicken geschützt.

Wichtige Baudaten

JAHR DER FERTIGSTELLUNG: 2015

STANDORT: Maxhütte (Bayern)

GRUNDSTÜCKSFLÄCHE: 610 m^2

WOHNFLÄCHE: 124 m^2 im OG, 43 m^2 im EG (zuzüglich 30 m^2 Nutzfläche, 56 m^2 Freisitz und 8 m^2 Balkon)

RAUMVOLUMEN/BRI: 795 m^3

HEIZENERGIEBEDARF/JAHR: ca. 10 000 kWh (KfW-70-Haus)

GESAMTKOSTEN BRUTTO: ca. 330 000 Euro (inklusive 35 000 Euro Ansatz für ein Architektenhonorar)

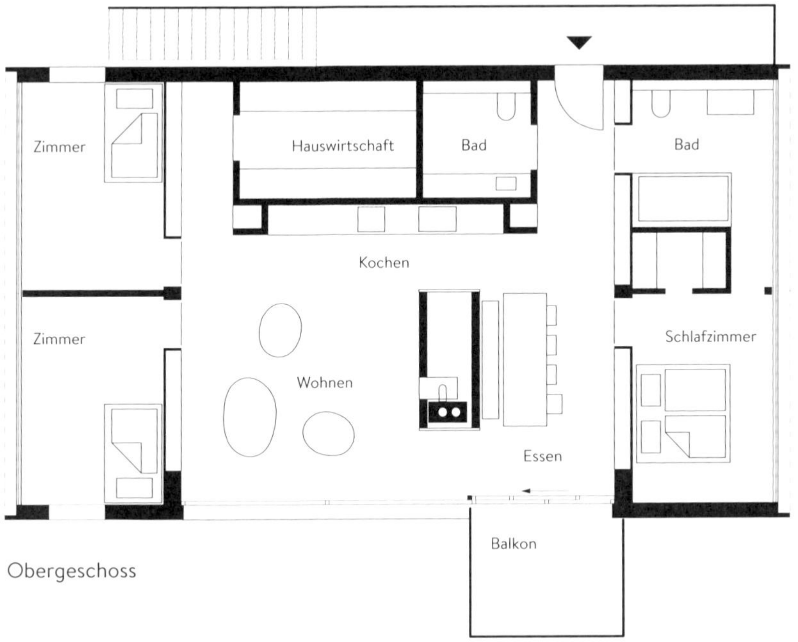

Obergeschoss

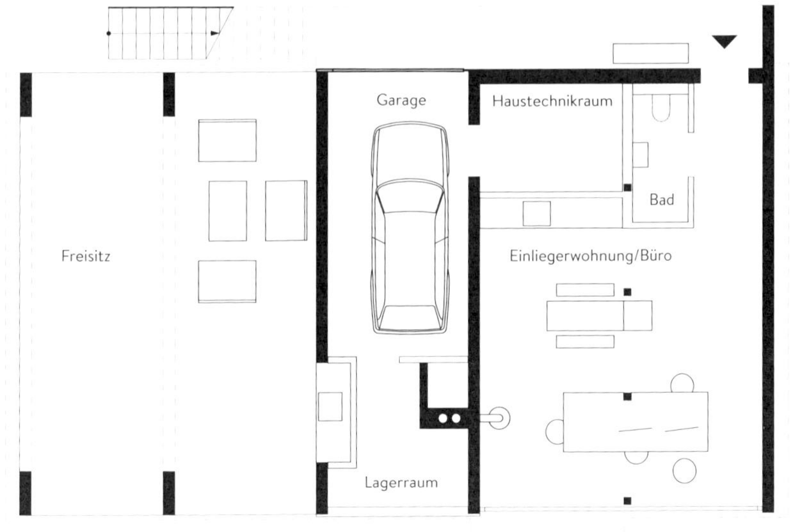

Erdgeschoss

SERVICETEIL

PLANUNGSFAHRPLAN – DEN HAUSBAU AUF DEN RICHTIGEN WEG BRINGEN

Ganzheitliche Planung – von der Grundstücksauswahl bis zum Einzugstermin

Frühzeitige Klärung der Bebaubarkeit und Erschließungssituation des Grundstücks vor dem Kauf

Frühzeitige Einbeziehung eines Bausachverständigen / Architekten, um spätere Bau- und Kostenprobleme zu vermeiden

Detaillierte und ehrliche Bestandsaufnahme der eigenen finanziellen Möglichkeiten (ohne zu positive Zukunftsprojektionen)

Formulierung einer verbindlichen Kostenobergrenze (Gesamtkosten brutto) mit Einplanung eines ausreichenden Sicherheitseinbehalts

Erstellung einer Wunschliste, aus der zusammen mit dem Planer alle verzichtbaren Elemente eliminiert werden

Aufstellung eines Finanzierungsplans

Abschluss eines Kreditvertrags mit bestmöglichen Konditionen, unter Einschluss aller verfügbaren Fördermöglichkeiten

Spätestens jetzt Beauftragung eines kompetenten Architekten mit der Entwurfsplanung, Kostenermittlung und am besten auch mit der Bauleitung

Überprüfung des Konzepts auf Umsetzbarkeit und Finanzierbarkeit vor der Baueingabe, ggf. Korrektur

Vermeidung zusätzlicher Wünsche nach Fertigstellung der Bau- und Finanzierungsplanung

GÜNSTIGE BAUPRODUKTE FÜR DAS LOW-BUDGET-HEIM

PRODUKT	EINSATZGEBIET	VORTEILE/EIGENSCHAFTEN
Holztragwerk	Tragkonstruktion / Gebäudehülle	Hervorragende Eignung für Eigenleistung bzw. Vorfertigung
Betonfertigteile	Wände außen und innen, Decken, Bodenplatten, Treppen	Preisgünstig im Material und meist auch bei der Arbeitszeit
Textilvliese	Fassadenverkleidung	Extrem preisgünstig, hervorragende Eignung für Eigenleistung
Aluminium-trapezbleche	Dächer, Fassaden	Gestalterisch harmonisch, geringer Montageaufwand
Faserzementwell-platten	Dachdeckung, teils Fassaden	Verschiedene Farben, geringer Montage-aufwand
Polycarbonatplatten	Meist Fassaden, Wände	Transluzent, doppelwandig auch dämmend
Polycarbonatwell-platten	Meist Fassaden	Transluzent, leicht
Glasfaserplatten	Innenausbau	Transluzent, leicht
Sperrholzplatten	Innenausbau, Böden/Decken, wasserfeste Ausführungen auch für Fassaden	Bei schöner Maserung optimaler Low-Budget-Belag
Faserzementplatten	Fassaden, teils Dächer	Viele Farben, geringer Montageaufwand
OSB-Platten	Gebäudehülle, Innenausbau, als Bodenbelag und Wandoberflächen innen	Extrem preisgünstig, behandelt auch witterungsbeständig, aussteifende Wirkung, leicht zu bearbeiten und zu streichen
Gipsfaserplatten	Innenausbau (Wandoberflächen innen, Verschalung von Dachschrägen)	Relativ leicht zu handhaben und zu bearbeiten
Multiplexplatten	Innenausbau (Treppen, Einbauten)	Sehr günstiger Holzwerkstoff, hohe Belastbarkeit
Lärchenholzbretter	Fassadenverkleidung, Balkon- und Terrassenbeläge	Witterungsresistent, unbehandelt einsetzbar
Hobelspäne	Dämmung von Wänden, Dach, Decken und Böden	Sehr preisgünstig, hervorragende Eignung für Eigenleistung, sehr gute Dämmwirkung
Industrieparkett	Bodenbeläge im Wohnraum	Sehr widerstandsfähig, preisgünstiger Massivholzbelag
Stahlseile	Geländer- und Brüstungsfüllung	Innen und außen einsetzbar

CHECKLISTE KOSTENGÜNSTIG BAUEN – WICHTIGE RICHTLINIEN MIT SPARMEHRWERT

✓ Planung des Hauses so klein wie möglich, so groß wie nötig – überflüssige Fläche ist Luxus!

✓ Geringer Anteil von Außenoberflächen im Verhältnis zum beheizten Gebäudevolumen (A/V-Verhältnis) sowie insgesamt geringe Baumassen

✓ Mehrgeschossiges Bauen auf kleiner Parzelle ist häufig die günstigste Variante des kompakten Hauses.

✓ Ggf. Einsparung von Baumassen durch Reihen-, Doppel- oder Viertelhäuser

✓ Gebäude mit möglichst wenig Vor- und Rücksprüngen oder Anbauten, da dies Baukosten und Heizenergie im Betrieb spart

✓ Optimale Einpassung des Gebäudes in die Bauparzelle, um unnötige Kosten für Aushub- und Verbauungsarbeiten zu vermeiden und kurze Wege (z. B. für Erschließung, Leitungsverlegung, Wegebau) zu ermöglichen

✓ Grundriss mit bestmöglicher Raumausnutzung ohne überflüssige Räume (z. B. nicht wirklich benötigte Keller- oder Erschließungsflächen), stattdessen perfekte Ausnutzung des vorhandenen Volumens (Raum unter der Treppe, im Dachspitz etc.) als Stauraum und zur Unterbringung der Haustechnik (z. B. Anschlüsse, Brennwerttherme)

✓ Verzicht auf unnötige Innenwände und Innentüren

✓ Bevorzugung standardisierter und einheitlicher Bauteile (z. B. viele identische Fenster- und Türformate)

✓ Einbau von Öffnungsflügeln nur dort, wo unbedingt nötig – ansonsten Wahl günstigerer Festverglasungen

✓ Planung raumhoher Verglasungen, da diese den Einbau von Stürzen ersparen

✓ Individuelle Planung simplifizierter Bausysteme (z. B. direkt in das Tragwerk / die Fassade eingeklebte Glaselemente)

✓ Sparsame Tragwerkskonstruktionen (z. B. durch geringere Spannweiten, Bauteile mit kleineren Querschnitten)

✓ Auswahl von Produkten mit Einspareffekten (z. B. Falzziegel statt Biberschwanzziegel wegen geringeren Gewichts und daher kostengünstigerer Dachkonstruktion, Stahlfasersohle anstelle Sohle mit üblicher Bewehrung)

✓ Auswahl der eingesetzten Bauteile und Materialien nach ihrem Kosten-Nutzen-Verhältnis (z. B. Industrieparkett oder günstige Posten von Massivholzböden statt billigem Laminat)

✓ Bauteile mit multifunktionaler Qualität (z. B. Massivholzdecke gleichzeitig als Bodenbelag, Fensterkonstruktionen auch als Rahmen für fassadenmontierte Solarkollektoren)

✓ Suche nach preislich günstigen, qualitativ gleichwertigen Alternativen (z. B. in Internetportalen und Bauteilbörsen)

- ✓ Wiederverwendung technisch einwandfreier Gebrauchtmaterialien, soweit intakt und günstig angeboten (z. B. Tragwerk, Fenster, Dachziegel, Bodenbeläge)
- ✓ Einsatz von weniger edlen Materialien und Bauprodukten (z. B. OSB-Platten als Bodenbelag oder Wandinnensicht, Stahlseile als Brüstungsfüllungen)
- ✓ Einsatz von industriell hergestellten Fertigteilen (z. B. Betontreppen)
- ✓ Realisierung kurzer Bauzeiten durch Vorfertigung von Elementen in der Werkstatt (insbesondere zur Vermeidung unnötiger Mietzahlungen bzw. hoher Überbrückungskredite – besonders vorteilhaft, wenn wenig oder keine Eigenleistung investiert werden kann)
- ✓ Günstiges Energiesystem (z. B. Gas-Brennwerttherme oder über kleinen Vorratsbehälter direkt beschickter Pelletofen, ggf. mit Solarunterstützung)
- ✓ Sparsame Planung von Versorgungsleitungen (Elektro, Gas, Wasser) mit kurzen Wegen und konzentrierter Anordnung (z. B. in einem vertikalen Strang)
- ✓ Reduzierung der Steckdosen und Lichtschalter auf das notwendige Maß
- ✓ Verzicht auf kostspielige (und schadensanfällige) automatisierte Lösungen wie z. B. BUS-Systeme
- ✓ Gemeinsam bauen – günstig z. B. durch bessere Handwerkerpreise, Teilung der Grundstückskosten und der Investitionen für die Heizanlage, durch den Einsatz vieler einheitlicher Bauteile, ggf. Nachbarschaftshilfe
- ✓ Vergabe der Aufträge für die Handwerkerarbeiten nach Kosten- und Qualitätsaspekten
- ✓ Vergabe der Arbeiten bevorzugt an kleine (Familien-)Unternehmen aus der Region
- ✓ Vergabe von kompletten Gewerken (z. B. Hochbau gesamt, Innenausbau gesamt)
- ✓ Neben dem üblichen Weg der Ausschreibung Auftragsvergabe für Handwerker auch über entsprechende Internetportale, soweit hier die geforderte Ausführungsqualität gewährleistet ist
- ✓ Effiziente Koordination und Kontrolle der Bauabläufe sowie eine kurze Gesamtbauzeit (am besten über die Vergabe der Bauleitung an einen kompetenten Architekten oder mit diesem zusammenarbeitenden Ingenieur)
- ✓ Einbringung von Eigenleistung, die in der Kalkulation realistisch angesetzt werden (im Normalfall nicht mehr als 10–20 % der Handwerkerleistungen) und in enger Abstimmung mit dem Architekten erfolgen sollte

DER AUTOR

THOMAS DREXEL ist einer der meistgelesenen Architekturbuchautoren im deutschsprachigen Raum. Wenn er nicht gerade auf Recherchereisen ist, lebt und arbeitet er in Augsburg und Friedberg. Seit nunmehr 20 Jahren schreibt er über die Themen Bauen, Wohnen und Renovieren und fotografiert Architektur von ihrer schönsten Seite. Einer der Schwerpunkte seiner Arbeit sind Low-Budget-Häuser, die dank dem Ideenreichtum und Können ihrer Planer alles andere als billig erscheinen.

Der Autor steht für Leseranfragen gern zur Verfügung:
Thomas Drexel
Autor und Architekturfotograf
Am Fladerlach 7
86 316 Friedberg
Tel./Fax 0821-6 07 08 74
thomas-drexel@gmx.de
www.thomas-drexel.com

BILDNACHWEIS

FOTOGRAFIEN:

Tia Borgsmidt: S. 4, 91–94, 119–122 | **Klaus Ditté fine photography:** S. 105–108, 147–152 | **Thomas Drexel:** Einbandvorderseite, Einbandrückseite Mitte und unten, S. 6, 7, 8, 12 unten, 13, 14, 15 oben und unten, 16 oben und unten, 17, 18 oben, 19, 83–88, 111–117, 125–138, 155–168 | **Tamara Frisch Photography:** Einbandrückseite oben links und Mitte, S. 9, 18 unten, 53–66, 77–80 | **Peter Grundmann:** S. 37–42 | **Peter Heinrichsmaier:** S. 141–144 | **Roland Krauss:** Einbandrückseite oben rechts, S. 10, 97–102 | **Getter Kuusmaa / Tõnu Tunnel:** S. 23–28 | **João Morgado:** S. 11, 12 oben, 45–50 | **Packshot/Madebygirls:** S. 31–34 | **Frank Vinken:** S. 69–74

Die **PLÄNE** stammen jeweils von den in den Projektkapiteln genannten Architekten.

DANK

Der herzliche Dank des Autors gilt allen Eigentümern, Architekten und Planern der vorgestellten Häuser, deren Mitarbeitsbereitschaft und teils auch ganz praktische Gastfreundschaft das Gelingen des Buches erst möglich gemacht haben.
Für das umsichtige Projektmanagement und Lektorat war Sabine Schmid verantwortlich, Nadine Clemens für das grafische Konzept und Layout. Redigiert und Korrektur gelesen haben Christiane Mühlfeld und Sandra Leitte.

VERZEICHNIS DER ARCHITEKTEN UND UNTERNEHMEN

COMMOD HOUSE GMBH
Heinrichstraße 4/2. Stock
8010 Graz
Österreich
Telefon +43-316-232 047/
+43-660-694 48 51
www.commod-house.com

Architekturbüro Dauber
Körnerstraße 13
59423 Unna
Telefon 02303-770 690/
0176-630 135 22
www.dauberarchitekten.de

Architekt Peter Grundmann
Hochstraße 33
13357 Berlin
Telefon 030-664 06175
www.petergrundmann.com

Architekt Guido Hagel
Bergerstraße 23 a
50389 Wesseling
Telefon 0174-817 15 01
g.hagel@web.de

Architekt Johannes Hiller
Allensteinstraße 35 a
86176 Augsburg
Telefon 0176-105 751 14
hiller.johannes@googlemail.com

K2 Architekten
Irmgart Kösters – Kai Korth
Ritterstieg 3
37120 Bovenden
Telefon 05594-804 864
www.k2architekten.de

KODASEMA Head Office
Järvekalda tee 33
76912 Harkujärve
Estland
Telefon +372-566 874 77
www.kodasema.com
www.kodapark.com

Sigurd Larsen Design & Architecture
Blücherstraße 14
10961 Berlin
Telefon 030-235 883 48
www.sigurdlarsen.com

Markus Niedermeier/ Architekturbüro Plandesign
Pfarrgasse 3
94469 Deggendorf
Telefon 0991-383 10 98
www.plandesign.bayern

NOARQ/José Carlos Nunes de Oliveira Arquitecto
Rua Marta Mesquita da Câmara, 175 R/C 04
4150-450 Porto
Rua João Paulo II, 615
4785-141 Trofa
Portugal
Telefon +351-226-003 134
www.noarq.com

PPAG architects ztgmbh
Damböckgasse 4
1060 Wien
Österreich
Telefon +43-1-587 44 71
www.ppag.at

Architekten Spiekermann
Westkirchener Straße 2
48361 Beelen
Telefon 02586-445
www.architekten-spiekermann.de

Architekturbüro Stocker BDA/ Florian Stocker
Uhlandstraße 1/a
73630 Remshalden
Telefon 07151-487 583
www.atelier-stocker.de

Christian Weinmann/schoen und gut Büro für Architektur
Heinrich-Heine-Straße 13
93142 Maxhütte
Telefon 0151-720 069 15
www.schoenundgut-architektur.com

Ausgeschieden
von den
Büchereien Wien